내가 걸어온 그곳이
길이 되더라

Copyright ⓒ 2014, 아시아경제신문
이 책은 황금사자가 발행한 도서로서, 본사의 허락 없이
책 내용의 일부 또는 전체를 복사하거나 전재하는 행위를 금합니다.

Self-regard / Insight / Frontier / Creative / Evolution
여성 리더 17인의 성공 다이어리

아시아경제신문 특별취재팀 지음

내가 걸어온 그곳이 길이 되더라

황금사자
GoldenLionBooks

프롤로그
여성혁명 시대를 앞당기는 17인의 리더들

"나는 두렵다."
파키스탄의 17세 소녀는 처음부터 투사가 아니었다. 그저 학교에 가고 싶었고 책을 읽으며 미래를 꿈꾸고자 했다. 그러나 그 여린 심장을 향해 날아든 것은 총과 폭력과 욕설과 저주였다. '여성교육'을 지지하는 블로그 활동을 처음 시작한 2009년 1월 3일, 소녀의 일기는 '두려움' 세 글자로 몸서리쳤다. 탈레반 정권은 폭력으로 소녀를 막았고 급기야 총탄으로 쓰러뜨렸다. 사선을 넘나드는 폭압과 공포가 17세 꽃다운 나이를 짓밟았다. 소녀는 굴하지 않았다. "학교에 간다는 것은, 책을 읽는다는 것은, 그저 시간을 보내는 하나의 방식이 아니라 우리의 미래"였기 때문이다. 미래를 위해 소녀는 기꺼이 공포에 맞섰고, 편견에 온몸을 던졌다.

2014년 노벨평화상 공동수상자 말랄라 유사프자이(Malala Yousafzai)는 결단코 투사가 아니었다. 다만, 자신의 미래를 포기하지 않았을 뿐이다. 두려움에 맞서는 용기, 폭거에 저항하는 의지가 가녀린 몸에 용암 같은 힘을 불어넣었다. 소녀의 자그마한 몸이 기적을 부른 것이다. 여성을 향한 편견과 폭력과 차별이 어디 파키스탄뿐일까. 지금도 지구촌 어딘가에서는 수많은 여성들이 남성의 보조적 존재로서 얼굴을 가린 채 겨우 숨만 내쉬고 있다. 양성 평등을 부르짖는 선진

내가 걸어온 그곳이
길이 되더라

사회에서도 여성을 향한 가시는 날카롭게 번득인다. 때론 노골적이고 때론 은밀하게.

'나는 두렵다' 라는 대명제는 결국 이 시대를 살아가는 여성 리더들의 숙명이다. 두려움은 피하거나 달아나야만 하는 공포의 대상이 아니라 맞서 싸워 이겨내야 할 운명의 상대다. 그리하여 '두렵다' 는 '이겨낸다', 나아가 '성장한다' 라는 가치지향적 이음동의어(異音同義語)인 것이다. 이는 《블랙스완》 저자인 나심 탈레브가 역설한 '안티프래질(Antifragile)' 개념과도 상통한다. '잘 깨진다' 는 뜻의 프래질(fragile)에 안티(anti)를 붙이면 '잘 깨지지 않는다' 가 아니라 '충격을 받을수록 더욱 성장한다' 라는 성장지향적 완성어가 되는 것처럼.

남성 중심적 사회에서 여성이 리더로 성장하는 과정도 그렇다. 깨지지 않아서가 아니라 충격을 받으면서도 견뎌내고 이겨낸 결과다. 두려움을 아는 것이야말로 두려움을 극복할 수 있는 비결인 것이다. 영국 역사가 토머스 칼라일도 덧붙인다. "길을 가다 돌을 만났을 때 약자는 그것을 걸림돌로 받아들이고 강자는 그것을 디딤돌로 받아들인다"라고.

2014년 〈포브스〉가 선정한 '세계에서 가장 영향력 있는 여성 100인' 1위(총 8차례 1위로 선정)에 선정된 독일 최초의 여성 총리 앙겔라 메르켈은 돌직구의 추진력과 따뜻한 포용력을 동시에 지닌 실용주의 리더로 꼽힌다. 2010년 브라질 첫 여성 대통령에 오른 지우마 호세프, 미국의 전 국무장관이자 강력한 미국 차기 대선 후보로 주목받는 힐러리 클린턴, 국제통화기금(IMF) 총재로 세계경제의 이해관계를 조율하는 크리스틴 라가르드, 미얀마의 여성 지도자 아웅산 수지 등도 세계의 시계추를 움직이는 여성 리더들이다. 모두가 두려움을 피하지 않고 맞서 싸우면서 마침내 그들이 원하는 자리에 올랐다.

돌아보면 여성이 여성 본연의 권력을 되찾기까지는 오랜 시간이 걸렸다. 19세기 봉건사회, 20세기 산업사회를 거쳐 비로소 21세기 정보화 사회를 만났다. 다변화된 가치를 수용할 수 있는 정보화 시대에는 여성 특유의 부드러움과 포용력, 배려와 쌍방향적 리더십이 사회 가치를 극대화한다. 제롬 글렌 유엔미래포럼 회장은 한 발 더 나아갔다. "농경시대에는 종교, 산업시대에는 국가, 정보화 시대에는 기업, 후기 정보화 시대에는 개인에게로 권력이 이동한다." 그의 말마따나 정보화 사회가 진화할수록 남(男)과 여(女)의 성(性) 격차는 희석되고 개개인의 능력이 부각된다.

이 책은 국내 여성 리더 17명의 성공 스토리이지만 결국은 그들이 두려움을 어떻게 극복했는지에 대한 자기 고백서다. 온갖 편견과 차별과 싸워가면서 유리천장을 깨트린 그들은 투사가 아니었다. 다만, 미래를 꿈꾸며 두려움과 맞서 싸웠을 뿐이다. 남들보다 먼저 걸어갔고, 길을 열었다. 그 길과 길이 서로 만나 대한민국 여성 리더십이 번성하고 발전하며 풍요로워지고 있는 것이다. 여성 리더십의 이 같은 도전은 총 5부로 나눠 소개된다. 1부에서는 권선주 IBK 기업은행장이 후배 여성들에게 띄우는 편지를 담았고, 2·3·4부에서는 인사이트와 프런티어, 크리에이티브라는 주제에 맞춰 여성 리더 16명의 도전과 열정을 소개한다. 5부에서는 결혼과 출산과 육아 등 우리 사회의 구조적인 여성 문제를 심도 깊게 짚어본다.

● **셀프리가드(self-regard): 자애, 자존**

1부 셀프리가드에서는 권선주 IBK 기업은행장이 여성의 삶과 도전이라는 주제로 평소 하지 못했던 속 깊은 이야기를 편지 형식으로 전한다. 보수적이기로 유명한 금융권에서 여성이 최고 자리에 오른 것은 권 행장이 처음이다. 여성 직원 비중이 50%에 달하지만 임원이 되는 비율은 1% 남짓할 정도로 유리천장이 견고한 금융권에서다. 편지에서 권 행장은 후배 여성들에게 어떤 고난에도 좌절하지 말고 자존감과 자애심, 열정을 잊지 않기를 당부한다.

● **인사이트(insight): 통찰력, 식견**

2부 인사이트에서는 인고의 시간을 거쳐 통찰력과 식견으로 리더의 자리에 오른 인물들을 소개한다. 여성차별이라는 사회의 벽은 견고하지만 이를 깨기 위한 도전도 계속됐다. 성차별을 자양분 삼아 주어진 임무는 이를 악물고 성공시켰다. "과거보다 많이 달라졌지만 아직도 여성들은 모험이나 세상에 대한 도전보다는 안정적인 일을 추구하려는 모습이 강하다." 첫 여성 검사장 조희진 서울고등검찰청 차장검사의 일침은 큰 울림을 남긴다. 신순철 신한은행 부행장은 여성 직장인들이 전략적인 마인드를 갖는 것이 필요하다고 강조한다. 박경순 국민건강보험공단 징수상임이사와 김남옥 한화손해보험 상무는 학력 핸디캡을 극복하고 리더 자리에 오른 인물들이다.

● **프런티어(frontier): 개척, 도전**

3부 프런티어에서는 "세상의 중요한 업적 중 대부분은 희망이 보이지 않는 상황에서도 끊임없이 도전한 사람들이 이룬 것"이라는 데일 카네기의 말을 실천한 여성 리더들의 삶을 다룬다. 이들은 '여자는 안된다' 라는 고정관념에 맞서 실력과 자신감으로, 때로

내가 걸어온 그곳이
길이 되더라

는 깡으로 버티며 각 분야에서 여성 1호 타이틀을 따냈다. 그 과정에서 흘린 수많은 눈물과 땀방울은 후배 여성들의 사회 진출에 밑거름이 되었다. 남자의 전유물로 여겨졌던 시멘트 업계에서 전경화 라파즈한라시멘트 상무는 위험을 무릅쓰며 도전한 결과 영업 분야 최고책임자에 올랐다. 송연순 이비스 앰배서더 인사동 총지배인은 후보 양성 면접장에서 "여성이니 총지배인으로 뽑아야 한다"라며 당당하게 자신을 PR한 덕에 한국 특급호텔계 최초의 여성 총지배인으로 선임됐다. 송혜자 우암코퍼레이션 대표는 안정된 직장인 고등학교 교사직을 팽개치고 새로운 영역에 도전해 중견급 벤처 기업을 일궈냈다. 김은영 대한야구협회 부회장은 회장 선거에서 고배를 마셨지만 야구를 포기하지 않고 부회장직을 받아들여 대한야구협회 첫 여성 임원이 됐다. 최정화 한국이미지커뮤니케이션 이사장은 20대에 파리로 건너가 현지 유학생들과 경쟁하며 한국인 최초 국제회의통역사로 명성을 쌓았다.

● **크리에이티브(creative): 창의, 독창**

4부 크리에티브에서는 여성 리더십의 차별점이자 시작점이 될 수 있는 창의력과 독창성을 소개한다. 세계에서 가장 영향력 있는 여성 중 한 명인 칼리 피오리나(60세) 전 휴렛팩커드(HP) 회장도 "여성은 감성과 창의력이 남성보다 우월하다" 하고 역설하지 않았던가. 우리 곁에도 다양한 사고를 통해 잠재된 창의력을 깨워 이를 실현시킨 여성 리더들이 여럿 있다. 현대·기아차그룹의 최초 여성 임원인 김혜경 이노션 월드와이드 전무는 잃을까 겁내지 말고 목표를 크게 잡고 모험을 해야 한다고 강조한다. 한경애 코오롱인더스트리 상무는 열정과 도전, 차별성을 통해 본인만의 창의력을 깨우고 있다. 송영예 바늘이야기 대표는 손뜨개란 '가난한 사람들'의 전유물이라는 편견에 맞서는 동시에 여성들의 취미인 손뜨개질이 아닌 '관련 상품 유통'에 눈을 돌리면서 자신만의 사업을 일궜다. 남성 중심의 제약업계에서 최연소 수장 자리에 오른 김은영 한국BMS제약 대표는 약사 출신의 여성 영업직이라는 희소성을 통해 창의적인 리더로 거듭났고, 손미원 동아제약 제품개발연구소장 역시 남들과 다른 일에서 성과를 내자는 소신으로 리더가 됐다.

● **에볼루션(evolution): 진화, 변화**

5부 '여력(女力)이 국력(國力)이다'에서는 여성 리더십이 국가 경쟁력임을 강조하고 올바른 발전 방향을 논의한다. 여전히 우리 사회 곳곳에는 결혼, 출산, 육아, 승진, 가사부담 등 여성들의 사회 활동을 가로막는 장애가 남아 있다. 이런 장벽들을 허무는 것은 사회 발전의 필수 조건이다. 여성의 힘이 국력인 여력국력(女力國力) 시대의 첫 걸음이다.

지금 세계는 가장 역사적이고 평화로우며 건설적인 '여성혁명 시대'를 맞고 있다. 산업혁명 이후 남성 리더십은 한계를 드러낸 채 분열과 반목의 상처를 남겼다. 이런 사회적 갈등을 치유하고 보다 진일보한 사회로 나아가기 위해서는 남성 리더십의 단점을 보완하는 여성 리더십이 성장해야 한다. 여성 리더십은 세계적인 추세이고, 여성 리더의 탄생은 우리 사회의 가장 큰 변화이자 쇄신이다. 여성에 대한 편견과 장벽을 무너뜨려 여성혁명 시대를 활짝 열어야 할 이유다. 이 책이 미래의 수많은 여성 리더들에게 두려움을 이겨내고 미래를 밝히는 등불이 되기를 바란다. 두려움으로 시작했지만 마침내 기적을 일군 어느 소녀처럼.

2014년 12월 지은이 일동

추천사

천양희 시인

내가 걸어온 그곳이 길이 되더라

내 인생 단 한권의 책은 속수무책이라는 여성도 있지만, 내가 걸어온 단 하나의 길은 내게 남은 유일한 대책이었다. 그 대책을 들고 '내가 걸어온 그곳이 길이 되더라'는 그 길을 다시 걸어가본다.
멀리 인간 너머 차별을 이긴 평등의 길이 보이고 두려움을 이긴 용기의 길이 보인다.
그 길 넘어 좌절을 이긴 인내의 길이 보이고 경쟁을 이긴 투쟁의 길이 보인다.
먼 듯 가까운 듯 한 걸음 한 걸음 발자국이 찍힌 길 위에서 실패를 이긴 도전의 길이 보이고
고난을 이긴 영광의 길이 보인다.
상처를 꽃으로 피우고 싶은 나 같은 시인에게도, 자기 그림자를 밟지 않으려고 햇빛을 마주보며 걸어갔던 여성 리더들의 삶이 고통의 축제처럼 아프게 읽힌다. 아는 자가 길을 잃는 경우가 많다지만 책 속의 길을 따라가다 보면 헤맨다고 다 방황은 아니란 걸 알게 되고 살아 있는 한 희망도 있다는 걸 깨닫게 된다.
그들의 삶은 그래서 뼛속까지 길이다.
꿈이란 개봉하지 않은 편지와 같다는데, 꿈이 담긴, 꿈을 이룬 이 한 권의 책을 품에 안아보시라.

천양희 시인이 추천사를 보내왔다. 시인은 《나는 가끔 우두커니가 된다》는 시집에서 이 땅의 여자로 산다는 것에 대한 의미를 되새겼다. 시인과 인터뷰를 한 적이 있다. 시인은 "여류시인, 여류작가라고 하는데 그런 말은 듣기 싫다"라며 "그냥 여자시인, 여성작가 이렇게 부르면 좋다" 하고 말한 적이 있다.
천양희 시인의 추천사와 《나는 가끔 우두커니가 된다》에 실린 「허난설헌을 읽는 밤」을 싣는다. 이 땅에 여자로 태어난 것과 여자로 산다는 것은 무엇인지 그 울림이 크다.

당신의 심장을 움직여 좋을 때 서로 나누고 힘들 때 힘이 되어줄 것이다.
이 책은 그늘이 가장 아름다운 책이므로.

허난설헌을 읽는 밤

"나에게는 세 가지 한이 있으니
여자로 태어난 것과 조선에서 태어난 것
하필이면 김성립의 아내가 된 것이니……"

여자로 태어난 것이
세상이 오그라드는 한이라 하심에
여자로 태어난 나도 오그라들고
조선에서 태어난 것이
스스로 어찌할 수 없는 회의라 하심에
조선의 후예로 태어난 나도 어찌할 수 없고
김성립의 아내가 된 것이
심장을 토해 내는 일이라 하심에
누구의 아내가 되었던
내 심장도 함께 토해낼 듯하여

하룻밤 사이에도 겨울이 오고
소낙비 같은 슬픔이 쳐들어와선
이 땅에 여자로 태어나
누구의 아내로 사는 누구라도
허난설헌을 읽는 밤
너무 늦게 마르는 눈물자국이여

내가 걸어온 그곳이 길이 되더라
여성 리더 17인의 성공 다이어리

| 차례 |

프롤로그 여성혁명 시대를 앞당기는 17인의 리더들 004
추천사 천양희 시인 012

PART 1
자애, 자존
Self-regard

권선주 IBK 기업은행 행장
여성 최초의 은행장, 새로운 지평을 열다 • 023
리더로서의 기본 능력은 멀티태스킹 • 026
어려운 일에 욕심을 가져라 • 031
생각을 바꾸면 세상이 달라진다 • 035
롤모델, 멘토와 함께하는 지혜 • 039

PART 2
통찰력, 식견
Insight

김남옥 한화손해보험 상무
1%의 가능성만 있어도 했다 • 047

박경순 국민건강보험공단 징수상임이사
감원에 여성 동료 사표…나는 대학원행 • 055

백현욱 한국여자의사회 국제이사
나를 위한 투자에 적극적으로 나서라 • 063

성시연 경기필하모닉 오케스트라 예술단장
소통은 포르테, 마음은 안단테 • 071

신순철 신한은행 부행장
여성차별, 이겨내니 경쟁력 되더라 • 078

조희진 서울고등검찰청 차장검사
내 안에 유리천장부터 깨라 • 087

PART 3
개척, 도전
Frontier

김은영 대한야구협회 부회장
그들만의 리그에 꼭 필요한 여성의 돌직구 • 099

송연순 이비스 앰배서더 인사동 호텔 총지배인(상무)
여성 호텔리어들의 롤모델 • 106

송혜자 우암코퍼레이션 대표
교사→직장인→벤처 창업…엄마는 용감했다 • 114

전경화 라파즈한라시멘트 상무
일 잘하는 방법은 끊임없는 공부 • 122

최정화 한국이미지커뮤니케이션 이사장
전문가는 남녀차별 못한다 • 130

PART 4
창의, 독창
Creative

김은영 한국BMS제약 대표
내 성공의 팔할은 일욕심 • 143

김혜경 이노션 월드와이드 전무
여자라는 생각은 잠시 꺼두셔도 됩니다 • 151

손미원 동아제약 제품개발연구소장
남자와 똑같이 일하겠다 • 158

송영예 바늘이야기 대표
남성들의 유통세계, 바늘구멍 뚫고 세계로 • 166

한경애 코오롱인더스트리 상무
나만의 디자인 유통시킬 패션 권력을 꿈꾸다 • 173

PART 5

진화, 변화
Evolution

女力이 國力이다 / 10대 집중과제 조명

1. 보육 — 근무 중 아기전화 울렁증…직장맘 눈칫밥 24시 • 183
2. 육아휴직 — 막상 쓰려면 간 크다는 소리 듣는 대한민국 • 192
3. 편견 — 여자는 왜 면접 질문부터 달라지나 • 197
4. 승진 — 진급 앞에만 서면 갑돌이와 을순이 • 202
5. 회식문화 — 출근보다 술勤이 더 긴장 • 207
6. 미혼, 미모 선호 — 이력서에 기혼이라 쓰면 불이익으로 되돌아와 • 212
7. 성희롱 — 신고했더니 꽃뱀으로 낙인 찍는 회사 • 217
8. 연애 — 남친 있어도 없다고 말하는 그녀의 속사정 • 222
9. 가사부담 — 맞벌이는 있어도 맞육아는 없더라 • 227
10. 경력단절 — 경력단절녀는 봉급절반녀 • 232

> "너가 생각한 대로 길을 가라.
> 남들이 무어라고 하든 상관 말고, 내려버두어라."
>
> 단테

PART 1
자애 · 자존

셀프리가드

SELF-
REGARD

자애
자존
Self-regard

2014년은 대한민국 여성 리더의 활약이 돋보이는 해였다. 2012년 첫 여성 대통령인 박근혜 대통령이 본격적으로 업무를 시작한 것이 신호였을까. 2년 만에 정치·사회·경제·문화 등 각계에서 여성 리더들이 두각을 나타냈다. 최초 여성 정무수석으로 조윤선 전 여성가족부 장관이 선임돼 여성계의 자존심을 드높였고, 2013년 연말 경제계, 법조계, 예술계를 비롯한 사회 각 분야에서 잇따라 배출한 여성 1호들이 우리 사회에 새로운 변화의 바람을 불러일으켰다.

2014년 활발한 활동을 펼친 여성 리더들 중에서도 단연 눈에 띄는 이가 있다. 바로 2013년 말 대한민국 최초 여성 은행장으로 선임된 권선주 IBK기업은행장이다. 보수적이기로 유명한 금융권에서 일부 임원이나 지점장 등이 여성으로 선임되는 경우는 종종 있었지만 여성 행장이 탄생한 것은 권 행장이 처음이다. 금융권은 여성 직원 비중이 50%에 달하지만 임원이 되는 비율은 1% 남짓할 정도로 '유리천장'이 견고한 곳이다. 권 행장의 행장 취임이 다른 리더들과 차별화되는 특별한 의미를 지니는 이유다.

시인 프루스트는 시 「가지 않은 길」에서 "숲속에 난 두 갈래 길 중 사람이 적게 간 길을 택했고, 그것으로 인해 모든 것이 달라졌다"라고 읊조린다.

내가 걸어온 그곳이
길이 되더라

권 행장을 위시한 프런티어들은 두 갈래 길 중 '가지 않은 길'을 굳이 선택해 역경을 감수한 사람들이다. 그리고 그들의 선택으로 인해 여성들의 사회적 위상이 달라졌고, 그들의 도전으로 인해 여성들이 진출할 수 있는 영역이 넓어졌다.

아이작 뉴턴은 "거인들의 어깨 위에 올라서서 더 넓은 세상을 바라보라"고 말했다. 앞선 사람들이 이룩해놓은 것을 토대로 더 나은 발전을 꾀해야 한다는 뜻이다. 지금 사회에 진출했거나 진출할 준비를 하는 많은 여성들이 새겨들어야 할 말이기도 하다. 혼자서 고군분투하기보다는 앞서 길을 개척한 여성 리더들이 어떻게 살아갔는지, 그들이 어떤 생각을 갖고 있는지 알고 그들이 이뤄놓은 것보다 한 발짝 더 앞으로 나아가기 위해서다.

권 행장은 흔쾌히 웃으며 자신이 걸어온 '가지 않은 길'에 대해 귀띔해주었다.

권선주

IBK 기업은행 행장

여성 최초의 은행장,
새로운 지평을 열다

1

제가 기업은행장에 취임한 지도 어느덧 1년입니다. 시간은 참 빨라요. 2013년 겨울에 행장이 되었는데 벌써 겨울의 문턱에 왔으니 말입니다. 시기가 시기이니만큼 행장 취임 소감을 묻는 분들이 많아요. 그런데 사실 요즘은 그런 걸 생각할 수 없을 정도로 바빠요. 기업은행은 임직원 수만 1만 2000명이 넘는 큰 가족이거든요. 부행장일 때는 제 영역만 신경 쓰면 됐는데, 이제는 1만 2000명의 생계와 미래를 책임지는 사람이 되었습니다. 게다가 국책은행이잖아요. 요즘 내수가 좀처럼 살아나지 않아서 중소기업들과 소상공인들이 많이 어렵다고 하는데…국책은행장으로서 부담감이 작다면 거짓말이겠죠.

행장에 취임하면서 하루 일과도 많이 바뀌었어요. 시중은행장이어서인지 조찬행사가 늘었어요. 빠르면 오전 7시부터 시작하는 조찬행사에 참석하기 위해 집에서 더 일찍 출발하고, 행사가 끝나면 9시부터 은행 업무를 본격적으로 시작해요. 자리에 가만히 앉아 있는 것보다 외부 활동이 많아요. 고객을 방문하고, 지점도 방문하고, 직원들과 티미팅도 갖고 금융 컨퍼런스에 참석하기도 해요. 저녁에는 만찬 일정이 빽빽하게 잡혀 있죠. 경우에 따라서는 하루 종일 고객 미팅이 이어지는 경우도 생겨요. 요즘 금융위원회와 금융감독원의 자문위원으로 활동하다 보니 관련 행사에 참석해야 하는 일도 있고요.

생각해보니 지난 1년 동안 만난 분들도 참 많네요. 고객, 직원, 관련 유관기관 임직원과의 만남과는 별개로 저를 만나고 싶어 하는 분들이 정말 많았습니다. 여성 리더십에 대한 강연 요청도 곳곳에서 들어왔거든요. 그들의 요청도 웬만해서는 거절하기 힘들어요. 최근에는 아시아개발은행(ADB)이 개최한 행사에서 아시아 지역 17개국 여성 공무원들을 대상으로 강연도 했어요. '유리천장'을 주제로 30분 정도 스피치를 했는데, 준비하는 시간까지 감안하면 이만저만 정성이 들어가는 게 아니에요. 여성 리더십 강연은 다 하고 싶지만, 그러지 못하는 게 현실입니다. 국제통화기금(IMF) 같은 해외 행사도 가야 하고, 국정감사 등 국내에서 챙길 일도 많으니까요.

아무리 바빠도 꼭 거르지 않는 하루 일정이 있어요. 바로 독서 시간입니다. 지금은 전 세계적으로 베스트셀러가 된 피케티의 책을 읽고 있어요. 피케티가 우리나라에 어떤 이슈를 던져줄지는 아직 모르겠지만, 다만 그런 아이디어를 공유하고 금융권에 미치는 영향을 미리 생각해보는 것이 중요하죠. 이러다 보니 몸이 열 개라도 모자라요. 지인들은 지난해에 비해 살이 많이 쪘다고 직언을 날리기도 합니다. 좀 더 건강관리를 해야 할 필요성을 많이 느껴요. 시간이 없으니까, 특별한 운동을 하기보다는 많이 걸으려고 해요.

그러면 퇴근은 언제 하냐고요? 사실 은행장이 되면 퇴근에 대한 기대는 접어야 합니다. 저녁에 만찬이 있는 것은 물론이고, 만찬이 없는 날은 직원들과 저녁 미팅을 합니다. 직원이 1만 2000명이에요. 1년 안에 모두를 만나려면 한 달에 1000명을 만나야 하는 셈이죠. 그러기에는 현실적으로 힘드니, 최대한 시간을 많이 내려고 노력해요. 최근에는 우리 IBK 평생설계 플래너들과 저녁을 함께했고, 어제는 구로동 쪽에 가서 직급별로 직원들을 추려 20명 정도와 식사를 하면서 애로사항을 들었어요. 현장 분위기도 전해 듣고요. 저는 반대로 직원들에게 제 경영철학이나 우리 은행의 경영방침에 대해 설명합니다. 상갓집에 가서 조문하는 일도 빼놓지 않습니다. 퇴근시간이 자정을 넘기는 일은 비일비재하고, 아주 가끔은 운이 좋아서 저녁 10시쯤 퇴근하기도 해요.

리더로서의 기본 능력은
멀티태스킹

―
2
―

그렇게 저녁 자리에서 만나는 직원들은, 분위기가 풀어지면 가끔 물어요. 여성으로서 은행장이 되셨으니 배려받는 점이 있느냐고. 어떻게 보면 여성 은행장이 유리한 점이 있을 수도 있죠. 아주 큰 것은 아니지만, 은행 금융권 회장들끼리 모이는 자리에서 사진 찍을 때는 가운데 세워준다든가(웃음). 그 정도의 배려는 있을 수 있죠. 그런데 업무 일은 냉혹한 현실입니다. 변명은 있을 수 없죠. 작은 배려는 있을 수 있지만 나머지는 다 똑같습니다. 리더에 남녀의 구분이 있을 수는 없죠. 오직 리더가 될 수 있는 자질을 갖췄느냐, 리더로서 자신의 일을 훌륭히 수행해내느냐 하는 가치판단만이 있는 것이 바로 리더의 세계입니다.

저는 여성이든 남성이든 리더가 갖춰야 하는 가장 기본적인 능력은 '멀티태스킹'이라고 생각해요. 항상 이것을 하면서도 저것을 할 수 있어야 하고요, 여러 가지를 동시다발적으로 해야 합니다. 그리고 제일 중요한 것은 리더는 올바른 의사결정을 내릴 수 있어야 하는 능력이 필수적이에요. 리더는 최종적으로 의사결정을 내리는 사람이잖아요. 아무리 작은 결정이라도 많은 사람들에게 큰 영향을 미칩니다. 그래서 저는 언제나 의사결정을 잘해야겠다고 생각해요. 물론 잘하겠다는 생각만으로 그치지는 않습니다. 많은 분들이 잘 간과하시는 것이, 의사결정은 대부분의 경우 촉박하게 이뤄진다는 점입니다. 돌발사태가 많기 때문에 하나의 결정을 내리는 데 충분한 시간이 주어지지도 않고, 또 하루에도 많은 의사결정을 내려야 하기 때문이죠. 그래서 언제나 깨어 있어야 합니다. 예를 들어 은행권과 금융권의 환경이나 은행이 대출해주고 있는 각종 산업이 어떻게 돌아가는지, 타행의 동향은 어떤지 등을 알아야 빠르고 정확한 의사결정을 할 수 있습니다. 국내뿐만 아니라 해외 경제와 금융까지 통찰하고 결정을 내릴 수 있다면 금상첨화겠죠. 그런 의사결정을 할 수 있도록 리더는 자신을 단련시켜야만 합니다. 그러려면 정보가 있어야 해요. 고객으로부터 많이 듣거나, 폭넓게 직원들과 커뮤니케이션하는 것도 하나의 방법입니다. 어떤 경로로 정보를 얻건 간에, 중요한 것은 충분히 많은 정보를 갖고 의사결정을 해야 하는 겁니다. 그래야 실패를 최소화할 수 있어요.

그리고 멀티태스킹과 신속한 의사결정을 위해서는 반드시 필요한 게 일의 경중을 파악하고 중요한 것부터 실천해나가는 것입니다. 말로 하면 너무 쉬워 보이는데, 회사생활에서 이걸 잘하는 게 쉽지 않아요. 일의 경중을 따지는 것은 곧 '누군가의 부탁을 거절해야 한다'라는 뜻을 내포하거든요. 많은 여성들이 이 부분에서 실패를 많이 합니다. 업무적으로 우수한 여성들도 "회사 사람이 업무적으로 부탁을 했을 때 잘 끊는 방법을 모르겠다"라고 하소연을 많이 하더라고요. 아무리 능력 있는 여성이라도 거절을 못하고 모든 일을 떠안는다면 다 잘할 수 있겠어요? 실수가 늘어나죠.

'잘 거절하는 방법'을 알아야 한다고 충고하는 이유도 그거예요. 상대방에게 상처를 입히지 않으면서도 나 자신을 보호하는 겁니다. 제가 언제나 강조하는 것은 '원칙을 가지라'는 것입니다. 원칙은 개인마다 다를 수 있겠지만, 저의 경우 '이것이 조직에 도움이 되느냐, 안되느냐'입니다. 어떤 직위에 있는 여성이든 부탁을 받는 일은 비일비재합니다. 그렇게 부탁할 수밖에 없는 그쪽의 입장을 이해하는 것도 중요하지만, 그런 부탁을 거절해야 한다고 판단이 서면 충분히 자기 입장을 설명하고 거절하세요. 예를 들어 은행의 경우 여신이 필요한 고객이 있을 수 있습니다. 여러 가지 정황을 충분히 살펴보고 저희가 가능한 경우는 신속하게 처리해드리지만, 신속하게 할 수 없는 경우는 사연을 충분히 설명 드린 후 거절합니다. 그 과정에서 고객이 서운해 하고, 본인도 개인적으로 미안함을 가지게 될 수도 있습니다. 하지만 원칙이 무너지면 경영을 할 수 없다는 점을 꼭 기억하세요.

경영자나 리더가 아니라 일개 직원이라도, 자기 원칙을 갖고 일을 대하는 것이 중요합니다. 저 역시 거절해야 하는 일이 많아요. 행장이 된 이후로는 받아들여야 하는 일보다 거절해야 하는 일이 더 많습니다. 강연 요청이 들어오는 대로 다 한다면 업무를 할 시간이 없겠지요. 시기를 조절해서 최대한 하려고 노력하지만 안되면 단호하게 거절하세요. 그 과정에서 자기 나름대로의 '거절의 툴(도구)'을 만드는 것도 방법이 될 수 있습니다. 대신에 말이 '아 다르고 어 다르다' 하는 점을 기억하세요. 저쪽 입장을 충분히 고려해서 거절의 말을 건네야 합니다.

이렇게 이야기하면 제가 어릴 때부터 정말 거절 잘하고, 반에 한 명쯤 있는 깍쟁이 모범생이었나 보다 하고 착각하는 분들이 계세요(웃음). 하지만 어릴 때의 전 굉장히 평범하고, 책 좋아하는 조용한 여자애였어요. 눈에 띄는 학생도 아니었답니다. 초등학생 때 밤늦도록 만화가게에 있다가 부모님께서 데리러 온 적도 있었어요. 야단 많이 맞았죠. 4학년 때 반장을 하기도 했지만 그게 어디 대단한가요. 고등학교 때도 제가 특별하다는 생각은 전혀 안 했습니다. 원체 공부를 잘하는 아이들 사이에 있다 보니 제가 특별하게 보이지 않았거든요. 물론 저는 말을 잘하고 표현을 잘하는 학생이긴 했어요. 중·고등학교 때 웅변, 스피치 대회에 나가기를 좋아했고 상을 많이 탔습니다. 책을 많이 읽다 보니 자존심과 자존감이 강해서, 항상 발전해야겠다는 생각을 했어요. 그러다 보니 남의 마음을 상하게 하지 않으면서도 부드럽게 말할 수 있는 기술을 배웠나 싶기도 합니다.

학창시절 몇몇 친구들은 제가 "잘될 줄 알았다"라고 말해주기도 했어요. 저는 기억을 못하는 일이지만, 고등학교 동창회에 참석했는데 사회를 보던 친구가 저한테 얘기해주더라고요. 고등학교 시절 제야의 종소리를 듣다가 문득 전화를 걸어 뭘 하고 있냐고 물었더니, 제가 "백지에 내 이름 세 글자를 빼곡히 적어 내려가고 있다"라고 답했더라는 거예요. 앞으로 어떤 사람이 될 것인지를 생각하며 제 이름을 쓰고 있었다고요. 그 친구는 그때 제가 나중에 잘될 것으로 확신했다고 하더라고요.

이렇게 말하니 제 자랑 같네요. 그런데 정말 중요한 건, 리더가 되는 재능은 어릴 때부터 타고나는 것이 아니라 자기 자신에 대한 자존감이 어떻게 형성되느냐가 리더가 되는 데 중요한 요소인 것 같아요. 또 리더는 짧은 시간에 자기 생각을 요약해서 말하는 것이 중요합니다. 자기 생각을 표현하는 능력은 누가 써주는 것만으로는 절대 안되고, 스스로의 생각이나 철학을 말에 녹여낼 수 있어야 해요. 책을 많이 읽는 것이 리더의 자질과 직결되는 건 아니지만, 독서에서 확보한 나만의 콘텐츠가 없었더라면 리더로서의 스피치도 없었겠죠. 학생들에게는 그래서 책을 최대한 많이 읽으라고, 자의식을 확실히 가지라고 충고해주고 싶습니다.

어려운 일에
욕심을 가져라

3

사회 초년생들에게는 일 욕심을 가지라고 조언하고 싶네요. 저는 일 욕심이 굉장히 많았어요. 일을 많이 시키면 싫어하는 게 일반적이지만 저는 일을 적게 주면 싫어했어요. 거짓말이 아니에요(웃음). 여자라고 해서 이런 단순한 업무만 맡기느냐고, 아주 강하게 어필을 했습니다. 일을 적게 주면 싫어하는 티를 냈습니다. 저는 새로운 일을 추구해 기업은행으로 왔는데, 새로운 일을 안 시켜주니 반항을 한 거죠. 그런 태도가 어떤 식으로든 역량을 키우는 데 도움이 됐어요. 그러니까 조만간 입사 예정인 여성들이 있다면, 하나라도 더 어려운 일에 욕심을 가질 필요가 있다는 점을 기억해두시기 바랍니다. 물론 누구나 사람이기 때문에 일이 많아서 힘든 건 당연지사에요. 그런데 잘 보면 저희 은행은 물론 대부분의 조직에서 능력이 있는 사람들에게 일이 더 갑니다. 일을 잘하니까 상사들도 일을 더 시키고, 일이 몰리는 거예요. 그 일을 할 능력이 없다고 생각되는 사람들에게는 일이 안 가고요. 불평이 있을 수도 있지만 감내할 수 있는 수준이라면 그것이 자기 능력을 발휘할 수 있는 기회라고 생각해보세요. 일을 통해 자기 능력을 발전할 기회를 가지게 되는 거예요.

반면에 일이 많다고 푸념하기 시작하는 순간부터 일이 적어집니다. 그런데 중요한 건, 그 일을 한 사람과 안 한 사람은 지금이 아닌 몇 년 후에 큰 차이가 나게 된다는 거예요. 그러니까 성공을 결정짓는 것이 그 태도 하나로 갈리는 셈이에요. 일이 정 힘들면 동료하고도 일을 나누고 상사한테도 자신의 상황을 설명하고 일을 다른 이에게 조금 분배하는 식으로 양을 조절할 수는 있어요. 하지만 매사에 일이 많다고 푸념하게 되면 사람들이 아무것도 맡기지 않을 때가 옵니다. 긍정적으로 받아들이세요.

너무 "열심히 하라"라고만 했나요? 그런데 직장의 현실이 그래요. 위에서도 말했지만 여성이라고 배려받는 시대가 아니라 실력으로 평가받는 시대예요. 유리천장의 존재를 감안하면, 어쩌면 남성들보다 더 열심히 해야만 인정받을 수 있는 게 여성이에요. 저는 어릴 때부터 어머니께서 계속 주입식 정신 교육을 시켜주셨죠. 좀 더 발전해라, 여성들도 앞으로 계속 일하고 능력을 키우는 시대가 될 것이다, (공부를) 게을리하지 말아라, 이런 말들을 계속 해주셨습니다. 아주 어렸을 때라서 기억에 남지 않는 게 아니라, 오히려 너무 생생하게 기억에 남았고 의식 깊은 곳에서 언제나 저를 채찍질해주는 말이죠. 어머니께서 크게 배운 것이 있으셔서 그런 말씀을 해주신 것은 아니에요. 딸이 좀 더 잘되기를 바라는 마음에서였겠죠. 최근에는 제가 은행장이 되고 나서 어머니께서 수술을 받으셨어요. 은행 스케줄이 너무 많아서 뒤늦게 병실을 찾았는데, 손을 꼭 잡으면서 "중책을 맡은 거니까, 네가 잘해나갈 것으로 믿는다. 내 걱정은 절대 하지 말아" 하시더라고요. 눈물이 핑 돌면서 더 잘해야겠다, 내가 좀 더 열심히 해야겠다는 생각이 들더군요. 항상 현재에 안주하지 않게 신경을 써주신 만큼, 그 기대에 부응하고 싶은 게 제 마음이에요.

어머니께서 언제나 이렇게 저에게 말해오신 만큼, 저도 여성들에게 조언 요청을 받을 때는 "스스로 좀 더 노력해야 한다"라는 충고를 많이 건네요. 최근에는 남자 상사나 후배와의 인간관계에 대한 고민 상담을 가장 많이 들어봤어요. 그만큼 우리 사회가 다변화되었다는 증거라고 생각합니다. 예전에는 무조건 여성 직원은 막내였거든요. 그런데 요즘은 중간 관리직에도 여성이 많이 진출하게 되어서, 남성 후배들을 거느리는 지위까지 올라왔어요. 세상이 많이 변한 걸 느껴요. 이런 고민 자체가 우리 사회가 상당히 발전했다는 증거입니다. 저로서는 이런 고민에 이렇게 답해볼게요. '가족'이라고 한번 생각해보면 좋겠어요. 가족처럼 모든 걸 다 조건 없이 해주라는 게 아니에요. 역지사지로, 남성 직장 동료의 행동을 남편이나 남동생, 아버지 등 우리 가족 중에 있는 남자의 입장에서 생각해보라는 거죠. 그러면 큰 문제가 될 것도 작은 문제로 해결할 수 있어요. 성(性)이 다르면 사고방식이 같을 수가 없습니다. 그럴 때는 가족이라고 생각하면 입장이 다른 것도 이해를 할 수 있다는 거예요.

어린 후배를 까마득한 아들이라고 생각하면, 남자 상사를 대할 때는 아버지에게 대하는 것을 생각하면 어떻게 응대해야 할지 방법이 나옵니다. '내 가족이 아닌데 어떻게 내 가족이라고 생각하나' 하는 불만을 가질 수도 있습니다. 하지만 바꿔 생각해보면 내 남편도, 아버지도 직장에서 같은 어려움을 겪고 있을 수 있지 않습니까. 서로에 대한 이해의 폭을 넓히려면 경쟁자라는 생각을 떠나 가족처럼 생각해보세요. 저도 이렇게 오랜 기간 살아왔더니 남녀 관계, 상사 관계가 그렇게 힘들지는 않았습니다. 물론 누구든 비판이나 비난을 받을 수가 있습니다. 특히 다른 성별의 직장 동료에게서 들으면 이해가 안 되기도 하고 기분이 나쁘기도 하지요. 그러나 그런 것들은 결국 도움이 됩니다. 늘 좋은 이야기만 들을 수는 없으니 이렇게 생각하는 관점도 있다, 자기 반성의 기회로 삼아야겠다고 생각하면 편했습니다. 서로 너무나 다른 사람들이 살고 있는 사회에서 맘에 맞는 사람들끼리만 사는 것이 쉬울까요? 그리고 비판이나 비난 등이 있을 때도 움츠러들 필요가 없습니다. 그런 것에 서운해 하고 눈물을 흘리고 분노하기 전에, 그 시간에 나를 어떻게 단련시키고 발전시켜야 할지 생각해보는 것이 좋습니다.

생각을 바꾸면
세상이 달라진다

— 4 —

여러분이 염두에 두셔야 할 것은 '직장은 가정과 다르다'라는 것입니다. 직장은 직장이고, 이익을 내야 하는 조직입니다. 항상 목표를 달성하기 위해 경쟁을 해야 하고, 가정 같은 문화를 기대할 수는 없는 곳입니다. 마음가짐만 아버지처럼 생각하라는 뜻입니다. 이런 말을 하면 반론이 나올지도 모르겠지만, 저는 모든 상사들이 아래 직원들을 훈련시키고 단련시키는 것은 그만큼 사랑하는 마음이 강하기 때문이라고 생각합니다. 대체로 상사가 부하를 생각하는 마음이 크지, 부하가 상사를 생각하는 마음은 크지 않습니다. 야단을 치건 뭘 하건 생각하는 마음 자체는 상사 쪽이 더 큽니다. 왜냐하면 상사는 부하에 대해서 좋든 싫든 계속 관심을 가질 수밖에 없기 때문이에요. 일을 시키고, 평가하고, 관리하고, 다양하게 어울려야 할 존재니까요. 하지만 부하에게 상사는 그런 존재가 아닙니다. 그냥 상사가 시킨 일을 내 입장에서 어떻게 하면 잘할까, 그런 고민밖에 하지 않습니다. 제가 주니어였을 때도 그랬어요. '내 일만 잘하면 그만이다'라고 생각했지요. 상사와 연결고리가 있기도 하지만 고민의 무게는 훨씬 가볍습니다. 그래서 저는 여성 여러분이 남성 상사의 고민이 무엇인지 생각해보는 습관을 들였으면 좋겠어요. 상사의 고민을 해결해줄 수 있는 존재가 되면 고민하는 문제도 사라지지 않겠어요?

여성들이 조직 생활에서 남성들과 차이를 보이는 부분이 바로 '군대문화'입니다. 상명하복을 근간으로 하는 군대문화는 사라져야 할 문화라는 비판도 많이 받지만 단체생활에서 그 나름의 장점을 발휘하는 문화예요. 여성들이 군대를 갔다 오지 않아 군대문화를 모르기 때문에 이것에 대해 별로 좋지 않게 생각하는 게 사실이에요. 하지만 단체생활에서 나 하나가 잘못된 판단을 하면 팀 모두가 피해를 입는다는 점을 2년간 철저하게 훈련시키는 곳이 바로 군대입니다.

남성은 군대에서 자기 한 명이 잘못하면 모두가 피해를 본다는 것을 배우지만, 여성은 그런 단체활동을 배우지 못하다 보니 본인만 생각하거나 자기가 있는 팀만 생각한다거나 하는 일이 많아요. 타고난 성향이 아니라, 훈련을 받지 못한 탓이 큽니다. 남자들은 군대 생활을 하다 보면 자기가 잘못하면 전체가 잘못되는 경우를 많이 봐왔고, 자신이 실수하면 최악의 경우 생명까지 위험한 사태를 불러오는 경험을 해보았기 때문에 훨씬 더 조심합니다. 훈련하는 기회도 여자들보다 많죠. 그게 조직 내에서 차이를 만드는 것 같아요. 그래서 저는 여성들이 좀 더 폭넓게 생각하는 훈련을 했으면 좋겠어요. 생각을 유연하게 갖고 시각 자체를 넓히려는 노력이 필요해요. 팀장이면 그 조직 전체의 사장처럼 생각하고, 팀원이라면 그 팀의 팀장처럼 생각하는 훈련을 해야 합니다. 이게 안되면 '조직 이기주의'가 발생할 수밖에 없어요. 어느 조직이든 조직 이기주의에 빠지기 쉽다는 맹점이 있지만, 여성들의 경우 이런 경향이 더 있는 것 같아요.

또 많이 받는 질문이 "네트워크를 어떻게 형성하세요?"예요. 여성들은 남성들에 비해 네트워크가 약하다는 편견이 있잖아요. 술자리도 안 가고, 2차도 안 가고, 결혼하면 친구들을 만나기보다 가정 중심이 되다 보니 네트워크가 줄어든다는 편견이요. 그런데 저는 그건 옛말이라고 생각해요. 요즘은 여성들이 집에서 육아만 하는 시대가 아니잖아요. 요즘은 여성들도 네트워크를 잘하는 분이 늘고 있어요. 대학생들만 해도 멘토·멘티 제도를 얼마나 잘 활용하는데요. 요즘은 잘 보면 포럼이나 조찬, 그렇지 않으면 리더십 과정 등 네트워크 확대에 참여할 수 있는 기회가 굉장히 많아졌어요. 직장 여성들이나 여성 CEO들은 이런 자리를 십분 활용해서 인맥을 만듭니다. 여러분도 이런 모임 중에서 본인의 여러 가지 상황과 맞는 것이 있으면 꾸준히 나가는 것이 중요해요. 네트워크를 통해 배운다는 자세를 갖고, 적극적으로 참가하면 됩니다. 저는 일부러 네트워크 모임에서 총무를 맡는 여성도 봤어요. 이런 태도가 중요합니다. 이와 같은 적극적인 태도가 네트워크를 새로 만들기도 하고, 유지·발전시키기도 하거든요.

일시적으로 하면 안돼요. 네트워크가 뿌리를 내리기 위해서는 적어도 10년 정도는 기다려야 인간적으로 모든 사람들이 친해질 수 있어요. 그렇기 때문에 네트워크는 하루아침에 되지 않습니다. 네트워크가 중요하다고 생각되면 처음부터 꾸준히 그런 모임에 참여하는 것도 중요해요. 그런 네트워크에서 이득을 찾으려 하지 말고 그들에게 장점을 배운다는 생각을 갖고 있어야 해요.

또 굳이 만들지 않으려고 해도 인생의 어떤 시점이 오면 저절로 네트워크가 쌓이는 때가 있어요. 억지로 만들려 하지 말고 본인에게 맞는 네트워크를 꾸준히 유지하세요. 대표적으로 대학 때 만난 친구들도 네트워크입니다. 20대 인생의 출발점에 있을 때만 해도 모르지만 그 사람들이 사회에 진출하고 성장하면 할수록 훌륭한 네트워크가 되잖아요. 물론 여성들의 경우 결혼과 육아를 기점으로 네트워크가 크게 약화되는 경향이 있어요. 일단 절대적인 시간이 부족해서 그렇다고 생각합니다. 쉽지 않은 문제예요. 투자할 시간이 없기 때문에 생기는 문제니까요. 힘들긴 하지만 일단 네트워크가 중요하다는 사실만 알고 있어도 사람을 대하는 태도가 달라집니다. 그런데 '나는 그런 네트워크가 필요 없다. 가정만 있으면 된다. 직장에서만 열심히 하면 된다' 이렇게 생각하면 형성이 안돼요. 주변의 한 사람 한 사람이 다 중요하다는 인식만 가져도, 네트워크의 질이 달라진다는 점을 기억했으면 좋겠습니다.

롤모델,
멘토와 함께하는 지혜

―
5
―

육아 이야기가 나왔으니 여성들의 육아 이야기도 해볼게요. 직장맘들의 육아를 돕기 위해 정부가 여러 대책을 내놓고 있지만 여전히 많은 직장맘들이 "가정과 일을 동시에 하기 힘들다"라는 호소를 하고 있어요. 정부도 쉽게 풀 수 없는 문제임에는 틀림없습니다. 그래서 조언하기가 쉽지 않아요. 저도 시행착오를 많이 거쳤던 문제고요. 지금은 사회적으로 직장맘에 대한 인식이 많이 좋아졌지만, 그럼에도 불구하고 어려운 게 육아입니다. 육아를 한다는 것은 아직까지 가정에서 전적으로 여성의 책임으로 되어 있기 때문이에요. 그래서 주변의 도움을 많이 받으라고 이야기를 해요. 남편한테도 이야기를 해서 도와달라고 하고, 자녀가 둘이면 큰애에게도 동생을 돌보라고 '정신교육'을 시키고요. 그런 식으로 해결할 수밖에 없어요.

그런데 정말 중요한 건, 앞에서도 말했듯이 본인이 다 떠맡지는 말아야 한다는 것입니다. 일도 가정도 모두 잘하는 슈퍼우먼이 되어야 한다는 말에 속지 마세요. 저 같은 경우는 아이들이 초등학교 저학년이 되기 전까지 육아 도우미를 들였기 때문에 부담을 크게 덜 수 있었습니다. 그렇다고 육아 도우미를 쓰면 모든 문제가 다 끝나나요? 절대 아니죠. 저는 그분을 10년간 시어머니처럼 모시느라 마음고생을 많이 했습니다. 많은 직장 여성들이 육아 도우미와의 문제 때문에 고민 많이 하셨을 거예요. 저도 그랬습니다. 아이를 키우는 일이다 보니 사람을 바꿀 수도 없어서 불편한 점이 있는데도 꾹 참았죠. 저는 퇴근해서 귀가하면 집안일도 다 하고 애들도 제가 돌보는데, 그 도우미분은 그동안 소파에 앉아 쉬고 계시던 기억이 나네요. 그러면서도 저에 대한 불만이 한두 가지가 아니셨어요. 언젠가는 저희 남편이 우연히 집에 일찍 돌아와, 제가 육아 도우미에게 하는 것을 보고 속이 상해서 울었다고 하더라고요. 그 정도로 힘들었습니다. 그분과 10년 넘게 지냈는데도 여전히 마음이 편치 않아요. 육아 도우미를 쓴다고 해도 어느 한 가지 쉬운 일은 없습니다. 결국 어떻게 마음을 먹고 그것을 헤쳐나가느냐 하는 것이 중요해요.

새삼 여성들이 많은 짐을 짊어지고 있다는 게 느껴져요. 아마 많은 여성들이 좌절도 하고 슬픔도 겪을 겁니다. 그럴 때마다 저는 제 맘속의 롤모델을 떠올려요. 그런 분들을 보면서 '저 사람만큼만 하자' 이렇게 생각하는 거예요. 요즘 대학생과 직장인들이 롤모델로 꼽는 유명인사들이 아니라, 제 주변에서 흔히 볼 수 있는 사람들을 이정표

삼아 위로 한 걸음 한 걸음 올라갔어요. 그러다 보니 롤모델은 계속 바뀌었어요. 주변 사람들에게서도 찾았고요, 책 속에서도 찾았죠. 하지만 대부분의 롤 모델은 제 가까이에 있던 사람들이에요. 저는 그래서 여성들에게 가까운 곳에서 롤모델을 찾아 어려움을 이겨내라고 충고해줘요.

제가 처음에 은행에 입사했을 때, 은행에서 사용하는 주판을 쓰는 방법을 몰랐어요. 그때는 전자계산기도 없던 시절이었고, 주판을 가지고 곱셈과 나눗셈은 물론이고 이자계산까지도 다 했었죠. 그런데 주판을 못 쓰니 얼마나 무력했겠어요. 그래서 제 멘토나 모델을 멀리서 찾지 않고 누구든 저보다 잘하는 사람을 롤모델로 삼기로 했어요. 일요일까지 나와서 주판 쓰는 방법을 배우고 한 달 지나니 엄청나게 속도가 빨라졌어요. 주판으로 곱셈과 나눗셈도 완벽하게 해냈고요. 제가 하고 싶은 말은, 롤모델을 멀리서 찾지 말라는 거예요. 무엇이든지 저보다 잘하는 사람이면 누구든 스승이 될 수 있습니다. 목표도 구체적으로 되죠. '저 사람처럼 주판을 잘 써야지', '저 사람처럼 업무지식이 풍부해져야겠다' 하는 식으로 말입니다.

롤모델은 매년 바꿔주는 것도 좋아요. 멀리서 찾을 필요가 없을뿐더러 고정되어 있는 것도 아니에요. 누구나 장점 하나쯤은 있잖아요. 리더가 된 지금은 어떠냐고요? 지금도 똑같아요. 요즘 제 멘토는 금융통화위원회 최초의 여성 위원인 이성남 전 의원입니다. 그분의 충고와 쓴소리는 언제나 제게 힘이 돼요. 롤모델은 '다다익선'이에요.

이성남 의원 외에도 여러 명의 지인이 제 멘토 역할을 하고 있죠. 최근에는 한 지인과 식사를 했는데 "한국 금융이 이래서야 되겠느냐"라고 고민을 하시고, 제 생각을 묻기도 하시더군요. 일상에 쫓기다 보니 그런 생각을 할 기회가 거의 없었는데, 새롭게 생각해보는 계기가 됐어요. 주변에서 대화하는 모든 사람들이 제 멘토이고, 그분들의 말씀 하나하나가 저를 조금씩 발전시켜주고 있다고 생각해요.

여성 여러분, 많이 힘들지만 주변의 작은 멘토들과 함께 오늘보다 좀 더 나은 내일을 만들어갑시다.

"나는 높은 기대치의 힘을 경험했다.
나에 대한 기대치가 적었다면 많이 성취할 수 없었을 것이다."

칼리 피오리나 (휴렛팩커드 전 CEO)

PART 2
통찰력·식견

인사이트

INSIGHT

통찰력
식견
Insight

"Hang in there." 직역하면 "거기서 매달려라." 즉 우리말로 꿋꿋하게 버티라는 뜻이다. 2014년 초 에이미 잭슨 주한미국상공회의소(AMCHAM) 대표를 인터뷰한 이후 머릿속을 떠나지 않던 말이다. 이제 막 사회생활을 시작하는 여성 직장인들을 위해 한 마디 해달라는 요청에 그는 주먹까지 불끈 쥐고 이런 말을 남겼다. 꿋꿋하게 버티라니. 알 것도 같고 모를 것도 같던 그의 조언은 여성 리더들을 만날수록 절실하게 다가왔다.

여성의 사회 진출은 이제 일상이다. 하지만 사회 곳곳에서 요직을 차지하는 여성은 여전히 드물다. 출발선에 섰던 수많은 여성들이 육아와 가사를 이유로 직장생활을 접고 있는 탓이다. 통계청에 따르면 한국 여성의 경제활동참가율은 20대 후반에는 70%에 이르다 30대 들어 50%로 떨어진다. 일에 치여 회사를 그만두거나 결혼이나 출산, 육아를 핑계로 가정이라는 안락한 울타리 안에 스스로 갇히는 것이다.

'인사이트(Insight).' 세상을 꿰뚫어보는 통찰력으로 최고의 지위에 오른 여성들은 하나같이 인고의 시간을 거쳤다는 공통점을 가졌다. 여성차별이라는 사회의 벽은 견고했지만, 이를 깨기 위한 쉼 없는 도전도 계속됐다. 성차별을 자양분 삼아 주어진 임무는 이를 악물고 성공시켰다. 동료 여직원들이 사표를 쓰고 나갈 때에도 자기계발에 매진하며 조직에서 살아남을 전략을 짰다. 여성의 사회 진출과 요직을 차지하는 여성 비중이 커지는 것은 이들과 같이 여전히 현직을 지키고 있는 '전설의 여전사'들의 고군분투가 있었기 때문에 가능했다. 평사원으로 시작해 수십 년간 직장생활을 버티고 또 버틴 결과다. 그녀들을 레전드로 꼽는 건 산전수전을 모두 겪은 베테랑이기 때문만은 아니다. 결혼과 동시에 여성이라면 으레 퇴사하는 것을 당연하게 여기던 그 어려운 시기를 버티면서, 그들이 축적한 노하우를 후세대와 공유하고 싶어서다.

우리나라의 여성 리더들은 유난히 은둔형이 많다. '암탉이 울면 집안이 망한다'라는 속담이 지배하던 시절, '내조'를 미덕으로 여겨오던 사회 분위기 탓이리라. 자의반 타의반으로 생계전선에 뛰어들어 억척스럽게 성공을 일군 과정을 숨겨두고 싶을 수도 있다. 하지만 견고한 유리천장을 깨기 위해서는 현재 리더의 위치에 오른 여성들의 경험이 절실하다. 직장생활에서 버틸 수 있는 노하우를 전수해주는 것이 중요하다는 의미다.

"과거보다 많이 달라졌지만 아직도 여성들은 모험이나 세상에 대한 도전보다는 안정적인 일을 추구하려는 모습이 강하다." 첫 여성 검사장 조희진 서울고등검찰청 차장검사의 일침은 그래서 중요하다. "여자가 나댄다"라는 비난이 두려워 사무실 한구석에 숨지 말고 자신 있게 목소리를 내라는 충고다. 신순철 신한은행 부행장은 여성 직장인들이 전략적인 마인드를 갖는 것이 필요하다고 강조한다. 현재의 지위에 안주하지 말고 보다 높은 자리로 오르기 위해 남자들보다 더 실력을 갖추라는 조언이다.

박경순 국민건강보험공단 징수상임이사와 김남옥 한화손해보험 상무는 각각 고졸, 중졸 출신이라는 학력 핸디캡을 극복하고 리더 자리에 오른 인물들이다. 박 이사는 9급 공무원으로 시작해 38년 만에 건보공단 내 첫 여성 임원이 됐다. 김 상무는 38세에 뒤늦게 생활전선에 뛰어들어 11번이나 사내 보험왕 자리를 꿰찼다. 끊임없는 자기계발과 자신의 삶을 '완전 연소'시키며 성공을 향해 달려온 인생 자체가 후세대에게는 배울 점이다.

한화손해보험 상무

김남옥

1%의 가능성만 있어도 했다

1%의 가능성만 있어도 했다

 어느 날 문득, 명함이 갖고 싶어졌다. 누구의 엄마나 아내, 며느리가 아닌 자신의 이름이 새겨진 명함을 지닌 친구를 보면 부러웠다. 결혼 이후 자신을 뒤로한 채 오로지 한 가정을 위해 살아왔다는 그는 어렸을 때부터 꿈꿔오던 현모양처처럼 종갓집 맏며느리 역할에 충실했다. 3년 동안 수족을 못 쓰는 시할머니를 극진히 봉양해 효부상을 받았다. 그런데 어느 날 갑자기 '난 누구일까' 하는 생각이 들었다. 엄마, 아내, 며느리가 아닌 자신의 존재감은 찾을 수 없었다. 처음으로 집 밖 세상이 궁금해졌다. 두렵기도 했다. 중졸이라는 학력과 서른여덟이라는 적지 않은 나이. 직장경험마저 없던 그를 원하는 곳은 없었다. 그 무렵 보험영업을 하던 사촌 언니가 같이 일을 해보자고 제안했다.
 생명보험과 손해보험의 차이조차 모를 정도로 보험에 대해 아는 것이 없었지만 개의치 않았다. 올해(2014년)로 예순, 지난 22년이 어떻게 흘렀는지 모를 정도로 숨 가쁘게 달려왔다.
 한때 현모양처를 꿈꿨던 그는 지금 수많은 설계사와 지점장들 사이에서 한가운데 앉아 있다. 바로 김남옥 한화손해보험 상무(부산지역본부장) 얘기다. 김 상무는 지역단 평가기준 2012년 전사 2위, 2013년 1위의 성과를 인정받아 2014년 4월 한화손해보험에서 최초의 여성 임원이 됐다. 특유의 친화력과 섬세함을 바탕으로 엄마 같은 리더십을 발휘하는 게 그의 최고 강점이다. 때론 설계사와 지점장들을 일사불란하게 진두지휘하는 카리스마를 뿜낸다. 그렇다 보니 보험업계의 살아 있는 전설이라는 평가를 듣는다.

"이젠 후배 양성이 제가 할 일이죠"라며 활짝 웃는 김 상무. 성·학력 등의 단단한 벽을 깨고 손해보험업계의 'W(여성) 프런티어(선구자)'가 될 수 있었던 비결을 하나둘 털어놓기 시작했다.

나는 특채 출신…
학력 콤플렉스 극복 비결

1992년 경남 하동에서 보험 대리점주로 첫발을 뗀 김 상무가 한화손보와 인연을 맺게 된 것은 1994년 4월이었다. 당시 한화손보의 전신인 신동아화재가 우리 자본으로 만든 최초의 손해보험 회사라는 사실을 알고 막연히 이곳에서 일해보고 싶다는 생각이 들었다. 114를 통해 가장 가까운 한화손보 지점을 문의해 이력서를 냈고 드디어 회사의 일원이 됐다. 필연 같은 일이었다.

한화손보에서 설계사 사원으로 시작한 그는 영업소장, 지역단장, 지역본부장 등으로 승승장구했다. 그렇다고 늘 수월한 것은 아니었다. 워낙 목표의식이 뚜렷하고 성실해 보험영업 실적이 우수했지만 관리자 직급으로 올라갈수록 중졸 출신이라는 꼬리표가 따라다녔다. 그럴 때면 홀로 지리산 산행에 나섰다. 정상까지 묵묵히 걸어가며 '학력은 회사에 입사하기 위한 조건에 불과하다. 나는 능력을 인정받아 특채로 들어왔다'라고 수없이 되새겼다. 그렇게 한 발, 한 발 떼다 보면 어느새 자신감은 100% 충만됐다.

"금융 쪽 관리직은 대부분 4년제 대졸 출신입니다. 그것도 이른바 SKY대(서울대, 고려대, 연세대)처럼 좋은 학교를 나와야 하죠. 이 같은 상황에서 학벌에 신경을 쓰면 힘들 수밖에 없어요. 나는 능력을 갖췄기에 현장에서 특채로 발탁됐다고 세뇌하며 학벌 콤플렉스를 이겨냈습니다."

학벌 콤플렉스를 극복하자 김 상무는 보험영업 관리자로서 탁월한 능력을 발휘했다. 2013년 부산지역본부의 실적이 전국 1위에 오르는 등 관리자가 된 이후 11번이나 연도대상을 차지했다. 연도대상은 매년 전년의 실적을 기준으로 우수 보험설계사에게 수여하는 상이다. 한 번만 받아도 가문의 영광이라고 할 정도로 수상하기 힘든 상이다. 김 상무는 지점장을 하는 12년 동안 6번을, 단장을 역임한 8년 동안 5번을 받았다. "관리자 중 연도대상을 한 번도 못 받는 경우도 많은데, 이렇게 수상하게 된 것은 운이 좋았던 덕분"이라며 겸손한 면모를 보였는데, 사실 그는 누구보다도 억척스럽다.

꿈이 있다면
포기하지 말라

"제 좌우명은 '1% 가능성만 있어도 포기하지 않는다'입니다. 남들이 생각할 때 저 일은 안된다, 어렵다고 해도 끝까지 포기하지 않고 도전했습니다. 꿈을 간절하게 품고 도전한다면 성과가 나타나기 마련입니다."

2013년 창원지역단 분할은 그의 억척스러움을 잘 보여주는 사례다. 2012년 1월 창원지역단장으로 부임하자마자 김 상무는 지역단 분할을 목표로 잡았다. 인구가 100만 명이 넘는 데다 시장성도 울산광역시와 맞먹을 정도로 좋은 곳인 만큼 지역단을 창원 말고도 마산에 한 곳 더 만들어야겠다는 게 그의 생각이었다. 그러나 정작 창원지역단 직원들은 시큰둥했다. 전 직원을 모아놓고 이 같은 목표를 밝혔지만 많은 이들이 '설마, 그러다가 말겠지'라며 부정적으로 지켜봤다. 이미 같은 지역을 거쳐간 단장들이 의례적으로 도전하던 오래된 과제였기 때문이다. 그럼에도 그는 포기하지 않았다. 보험설계사, 지점장, 총무 등 같이 일하는 전 직원들과 목표 과제를 공유하며 각각의 위치에서 할 수 있는 일을 정하며 "꿈을 함께 이뤄내자"고 설득했다. 특히 보험설계사들이 제대로 일할 수 있는 분위기 만들기에 주력했다. 결과는 성공적이었다. 1년 만에 지역단 분할 규정을 충족했고 실무 과정을 거쳐 2013년 5월 1일자로 마산지역단을 하나 더 만들었다. 한화손보 최초의 지역단 분할이었다.

"전략적으로 지역단을 나눈 사례는 있지만 우리처럼 규정에 맞게 실적을 올려 성공한 사례는 없었습니다. 저 혼자였으면 절대 못할 일이었죠. 전 직원들과 목표를 공유하고 소통한 덕분입니다."

그가 이처럼 성공할 수 있었던 요인은 뚜렷한 목표의식을 갖고 있어서라는 게 회사 안팎의 평가다. 항상 계획에 의해 영업 목표를 잡고 타이트하게 조직을 관리한다는 설명이다.

김 상무 역시 "못하는 사람은 항상 구실을 만들지만 하려는 사람은 늘 방법을 찾죠. 저 역시 방법을 잘 찾았어요"라고 말했다. 그는 특히 "항상 꿈을 갖고 자기가 하고 싶은 일을 할 때 길이 열립니다"라고 강조했다.

다음 목표는 후배 양성

보험설계사 대다수는 여성이다. 다른 업종보다 절대적으로 여성들이 많은 직군이다. 그러나 위로 올라가면 달라진다. 대다수의 여성 설계사를 이끄는 관리직은 다수가 남성이다. 한화손보 첫 여성 부장, 손보업계 최초 여성 본부장 등 '여성 최초'라는 수식어를 달고 다니는 김 상무도 당연히 관리자 모임에서 홍일점일 수밖에 없다. 이렇다 할 여성 롤모델도 없었다. 힘든 일이 생기면 혼자 해결하려 부단히 애썼다. 쉽게 올 길을 돌아서 오기도 했다. 여성 후배들이 자신의 전철을 밟지 않도록 하는 게 김 상무의 바람이다. 특히 무언가 풀리지 않는 숙제가 있거나 마음이 편치 않을 때 상담을 청할 선배 여성이나 여성

관리자가 더 많았으면 좋겠다고 강조했다.

"엄마의 리더십 얘기가 있듯 관리자도 여자가 더 잘할 수 있습니다. 엄마는 질책을 하면서도 가슴으로 안아주는 분이죠. 관리자도 이와 비슷합니다. 여성 후배들이 혼자 판단하고 쉽게 포기하기보단 선배들과 의논하고 협조해 함께 멀리 갈 수 있었으면 좋겠습니다."

"스스로 그은 한계에서 벗어나세요." 그가 여성 후배들에게 가장 하고 싶은 말이다. "혹시나 학벌이나 여자라는 이유로 움츠리기보다는 과감한 도전을 해야 꿈을 이룰 수 있습니다. 육아도 집안일도 마찬가지입니다. 회사나 가정 모두에서 완벽하려고 아등바등하기보단 가족들을 조력자로 만들어 장기전에 대비하는 게 지혜일 수 있습니다."

김 상무는 아들 둘을 둔 엄마다. 초등학생 아들을 떼놓고 보험영업을 시작했지만 누구보다도 협조를 잘해줬다. 시아버지도 종갓집 맏며느리의 외도(?)를 응원해줬다. 그 역시 일할 때는 일에만 몰두했고 집에서는 육아, 가사에만 집중하며 가족들을 든든한 조력자로 만들었다.

"대한민국에서 일하는 여성으로 성공하기 위해서는 무엇보다도 가족들의 이해와 응원이 필요합니다. 여성, 가정이라는 한계에 갇히기보다는 자신이 먼저 간절해져야 합니다. 연말께, 5년 후, 10년 후 어떤 모습이 될지 지금 이 순간 상상해보고 그 꿈을 향해 달려가야 합니다. 그래야 엄마, 아내, 며느리가 아닌 또 다른 '나'를 찾을 수 있습니다. 그러면 어느 순간 당신은 최고가 돼 있을 거예요."

 **김남옥 한화손해보험 상무는**

- ▲ 1955년 경남 하동 출생
- ▲ 1977년 양보중학교 졸업
- ▲ 1994년 한화손보 사원 입사
- ▲ 2006년 3월~2009년 12월 경남·부산지점 지역단장
- ▲ 2010년 1월~2013년 11월 경남지원단장
- ▲ 2013년 12월 부산지역본부장
- ▲ 2014년 4월 한화손보 첫 여성 상무보 승진

국민건강보험공단 징수상임이사

박경순

감원에 여성 동료 사표…나는 대학원행

감원에 여성 동료 사표…나는 대학원행

새침한 여고생은 말이 없었다. 남학생들이 말을 붙이면 찬바람이 쌩쌩 불었다. 남학생들은 '참 못된' 여고생으로 당시를 기억한다. 하지만 여학생은 이른 아침 소 풀을 뜯어놓고 등교하는 부지런한 딸이었다. 8남매 중 맏딸인 그는 어려운 집안 형편 때문에 고등학교를 졸업하자마자 곧바로 취업전선에 뛰어들었다. 그로부터 38년. 새침했던 여고생은 남성 일색인 국민건강보험공단의 첫 내부승진 여성 임원이 됐다. 박경순 건보공단 상임이사는 자그마한 체구에 온화한 인상을 지녔다. 그의 얼굴에서는 남성 직원과 치열한 경쟁을 뚫고 고위직에 오르는 과정의 피로감인 이른바 세월의 모진 풍파를 찾을 수가 없다. 하지만 박 이사는 자신의 삶을 '완전 연소'시키는 사람이다. 조금 더 나은 삶을 꿈꿨고, 이로 인해 누구보다 치열한 시간을 보냈다.

여자라서
설움 받던 시절

"1976년 1월 20일. 아직도 기억이 납니다." 박 이사는 38년 전 처음

내가 걸어온 그곳이
길이 되더라

으로 공직생활을 시작한 날을 정확히 기억했다. 9급 공무원에 합격해 부여받은 첫 발령지는 경북 구미의 한 면사무소. 공무원 동기 20명 가운데 여자는 달랑 둘이었다. 여자 동기 한 명은 군청으로, 박 이사는 면사무소로 보내졌다. 박 이사는 면사무소로 발령 난 세 명 가운데 유일한 여자였다. "처음 저를 보자 면장님은 군청으로 전화해 '이렇게 바쁜 시기에 여자를 보내주면 어떻게 하느냐'고 소리를 지르셨죠"라고 회고했다.

여자라는 편견을 없애는 시간은 그리 길지 않았다. 당시 면사무소 직원들은 농번기에 농가를 도와주는 경우가 많았는데, 어릴 적부터 농사일로 잔뼈가 굵은 박 이사는 실력을 인정받았다. 박 이사는 어릴 때부터 해왔던 풀 뽑기 등 농사일은 두렵지 않았기 때문에 비교적 빨리 현장에 적응했다고 귀띔했다.

"가난하던 어린 시절은 직장생활을 하면서 큰 자산이었지요. 아무리 어려운 환경이나 힘든 일을 만나도 두려움 없이 해결할 수 있는 원동력이 됐습니다."

그는 주변에서 '간이 크다' 하는 소리도 자주 들었다. 새마을 운동과 '잘살아 보자'는 구호가 전국적으로 퍼져나가던 시절, 근면과 협동 정신으로 열심히 일한 주인공이 성공하는 드라마가 인기를 끌었다. 박 이사는 드라마 주인공과 자신을 동일시하면서 같은 꿈을 꿨다. 당시를 회상하면서 "조금 더 나은 삶을 위해 계속 꿈을 꾼 것이 지금의 저를 만들었죠"라고 말했다. 배고프던 어린 시절에는 배불리 먹는 것이 꿈이었고, 직장에서는 인정받고 싶었다. 그는 "어느 정도 (직장 내) 위치가 안정되니 더 나은 지위를 꿈꾸는 등 꿈이 끝이 없습니다. 항상 꿈을 이루고 나면 한 단계 위의 꿈을 꿉니다"라고 웃어 보였다.

비온 뒤 땅이 더욱 굳는다

박 이사는 건보공단이 1차 통합된 1998년을 인생의 전환점으로 꼽는다. 당시 건보공단 내부는 지역과 직장, 공무원 등 각각의 의료보험조합이 하나로 통합되면서 구조조정 불안감이 팽배했다. 구조조정의 초점은 부부사원이나 여직원에게 집중됐다. 명퇴를 하면 퇴직금으로 억대를 준다는 이야기가 나돌던 시절이었다. "매일 아침 출근하면 직원들이 삼삼오오 모여 명퇴 이야기를 나눴는데, 여직원들이 주로 그 대상이었죠. 여직원들은 명퇴금도 주지 않고 구조조정한다는 소문에 많은 직원들이 사표를 썼어요"라고 설명했다.

박 이사가 위기감을 느낀 것은 여자 선배의 퇴사였다. 여직원계 대모격인 선배의 퇴사로 인해 최후의 보루가 사라진 느낌이었다. 하지만 그는 퇴사 대신 다른 길을 택했다. 박 이사는 "다른 지역 직원들은 학력이 빵빵하다는 소문을 들었어요. 계속 근무하기 위해서는 역량을 키우고 모자라는 부분을 채워야 한다고 생각했습니다"라고 말했다. 직장생활을 하면서 야간대학을 졸업한 박 이사는 건보공단이 통합되던 해 대학원에 입학했다. 그는 건보공단이 2차 통합할 때까지 부산지역본부에서 유일하게 석사학위를 가진 직원으로 꼽혔다.

유지필성(有志必成)

박 이사가 직장생활과 대학생활을 병행할 무렵에는 여직원의 한계가 분명한 시기였다. 야간대학에 진학하기 위해 부서장에게 추천서를 요청하자 당시 부장은 여자가 차장까지 달았으면 됐지, 뭐하려고 대학에 가느냐고 못마땅하게 여겼다. 하지만 박 이사는 동료 차장이 내민 유지필성(有志必成: 뜻이 있으면 반드시 이뤄진다)이라는 붓글씨를 보고 용기를 얻어 고교 졸업 후 20년 만에 다시 학구열을 불태웠다.

주부, 직장생활, 학업이라는 1인 3역은 고단했다. 하지만 만학의 기쁨은 쏠쏠했다고 박 이사는 전했다. 그는 직장인 마산에서 대학이 있는 부산까지 2시간 거리를 버스로 오갔다. 그에게는 아이를 낳고 직장생활을 하다 보니 버스를 타는 그때만이 유일하게 한가한 시간이었다. 그는 홀로 책도 읽고, 잠도 자고, 생각도 할 수 있어 참 좋았던 시절로 기억했다.

야간대학에 다니던 다른 만학도와 어울리는 것도 또 다른 기쁨이었다. 야간대학인 만큼 주로 직장인이 많았는데, 박 이사는 최고령 신입생인 58세의 새마을금고 이사장 다음으로 나이가 많았다. 그는 "어린 학생들이 우리를 '달리는 경로당'이라고 불렀습니다. 제가 '정리의 여왕'이라는 별명으로 불려서 학생들이 제 노트를 자주 빌려갔는데, 한번은 빌려간 학생이 노트를 잃어버려 시험을 보는 데 애를 먹기도 했네요"라고 회고했다. 그래서 젊은 시절로 되돌아가는 타임머신을 탈 수 있다면 제 나이에 대학에 들어가 또래 문화를 느끼고 싶다는 것이 박 이사의 상상이다. 그랬다면 지금의 박 이사가 되어 있을까. 박 이사는 "글쎄요…"라면서 답을 아꼈다.

엄마는 워커홀릭

직장인으로 승승장구해온 박 이사도 작아지는 부분이 있다. 바로 가족 앞에서다. 딸아이가 어릴 때에는 시어머니께 월요일에 맡기고 주말이면 찾아왔다. 아이가 조금 더 큰 뒤에는 교사인 남편이 주로 아이를 돌봤다. 박 이사는 "아이가 초등학교에 들어가니 운동회 등 학교에서 자주 엄마를 불렀지만 그때마다 남편이 대신 갔습니다"라고 설명했다.

아이들이 아플 때는 특공대를 방불케 하는 작전에 돌입해야만 했다. 시어머니가 아이를 병원에 데려가면 일찍 끝나는 남편이 병원에서 아이를 찾아오고는 했다. 박 이사는 민원인을 상대하느라 움직일 수 없었으니 남편이 아픈 아이들을 챙기느라 애쓴 것에 대해 미안해했다.

박 이사는 38년간의 직장생활을 '인생의 전부'라고 꼽았다. 건보공단에서 만난 동료·선후배와 부대끼며 일하고, 가족을 부양하고 살았다. 그만큼 일에 대한 애착도 컸다. 그는 남은 일을 두고는 퇴근을 못하는 성격이었다. 낮에는 민원인을 보느라 공문 볼 시간이 없어 저녁에 주로 공문을 보고 정리했다. 딸이 어릴 적에는 엄마의 손길이 부족한 탓에 늘 미안했다. 박 이사는 "하루는 어린 딸에게 '엄마, 회사 그만두고 매일 놀아줄까'라고 물었더니 친구들이 직장 다니는 엄마를 부러워한다면서 오히려 저를 추켜세웠어요"라고 전했다. 임원이 된 이후에도 업무에 파묻혀 지내는 스타일은 여전하다. 업무가 많은데다 직원들의 경조사까지 세심하게 챙긴다. 딸이 요즘에는 엄마는 '결혼해선 안되는 사람'이라고 농담을 건넬 정도다. 박 이사는 "가족을 생각하면 항상 마음이 찡해요. 7년 만에 석사학위를 받기까지 인내하고 말없이 자리를 지켜준 남편과 아이들이 언제나 고맙죠"라고 말했다.

마지막 소임은
건보료 부과체계 개편

건보공단 여직원 가운데 가장 먼저 유리천장을 깬 박 이사의 다음 꿈은 무엇일까? 그는 최근 논란의 중심에 있는 건강보험료 부과체계 문제를 꼽았다. 현재 건강보험 가입자 사이에 제각각 적용되는 건강보험료를 공평하게 손보자는 취지다. 박 이사는 현재 보험료를 징수하고, 자격을 관리하는 일을 맡고 있다. 건보공단과 보건복지부, 학계 등이 머리를 맞대고 만든 부과체계 개선안이 공개됐지만 법안 개정은 아직 이뤄지지 않은 상태다. 박 이사는 잘못된 건보료 부과체계로 인해 연간 5730건의 민원이 발생하는 사례를 들면서 스스로를 '부과체계를 개선하는 원군'이라고 지칭했다. 퇴임 뒤 계획은 '세상 구경'이다. 박 이사는 "지구촌 곳곳에서 벌어지는 일들을 TV가 아닌 현장에서 직접 발로 뛰며 경험하고 싶어요. 여행 다니면서 대화할 수 있도록 영어공부도 할 겁니다"라며 환하게 웃었다.

박경순 국민건강보험공단 징수상임이사는

▲ 1955년 경북 구미 출생
▲ 1975년 구미 오상고 졸업
▲ 1976년 1월 20일 9급 공무원 임용
▲ 1996년 부산 경남정보대학교 졸업
▲ 2000년 경성대학원(사회복지학과) 졸업
▲ 2011년 건보공단 첫 여성 본부장(부산지역본부)
▲ 2013년 7월 건보공단 첫 여성 임원(징수상임이사)
▲ 2014년 여성가족부 '여성 1호' 지정

한국여자의사회 국제이사

백현욱

나를 위한 투자에 적극적으로 나서라

나를 위한 투자에 적극적으로 나서라

"우리는 은연중에 '남자가 우선'이라는 세뇌를 받아왔어요. 문제는 그런 세뇌를 받고도 세뇌라는 사실을 모른다는 점이죠."

백현욱 한국여자의사회 국제이사는 어릴 적부터 여성에게 불리한 세상을 알아챘다. 6·25전쟁 직후 모두가 가난했던 시절 태어난 그는 경제적인 면에서 여성이라 더 억울한 점을 목도했다. 나중에 크면 꼭 자립을 하겠다고 다짐했다.

공부를 '매우' 잘하는 여고생이 이를 위해 선택할 수 있는 길은 두 가지였다. 법조인이나 의료인. 실수로 억울한 사람을 만들 수 있는 법조계와 달리 어떤 상황에서도 사람의 생명을 구하는 직업에 가산점을 줬다. 그리고 서울대학교 의과대학에 진학했다. 의대 시절은 순조로웠다. 의대 생활은 물론 산악반과 연극반 활동에도 재미를 붙이고 열심이었다.

"당신은 그렇게 열심히 활동하는데 산악부장이나 연극반장을 왜 안 했죠?" 의대를 졸업한 뒤 남편이 물었을 때 망치로 한 대 얻어맞은 기분이었다.

누구보다 열정적으로 활동했지만 그 조직의 우두머리가 되겠다는 생각은 꿈에도 못한 탓이다. "흥미로웠어요. 그런 건 남자가 할 일이라고 생각했거든요. 레지던트로 남을 때에도 '여자인데도 남겨줘서 감사하다' 라는 생각을 했죠. 여자가 대학교수로 의대에 남는 것은 넘보지도 못할 일이었어요. 제가 선택하고 싶으면 선택할 수도 있었는데 스스로 벽에 가둔 겁니다."

남녀의 역할 모델이 무의식적으로 자리 잡힌 나머지 여성의 한계를 스스로 만들었다는 이야기다. 그래서였을까? 백 이사는 여성 네트워크에 적극적이다. 한국여자의사회 이사직은 물론 세계여자의사회 학술위원장을 맡고 있다. 서울의대 출신 여의사 모임인 '함춘여자의사회'의 회장이기도 하다.

그는 후배 여의사들에게 '스스로 벽을 만들지 않는 것'을 최우선 덕목으로 꼽는다. 자신이 원하는 일이라면 당당하게 도전하고, 평등하게 경쟁할 수 있다는 마음가짐을 새기라는 것이다.

그는 또 "유리천장은 자라나는 세대가 깰 수 없어요. 유리천장을 깨기 위해 기성세대가 할 일이 무엇인지 찾는 것은 우리 세대의 의무입니다"라고 힘주어 말했다.

여성의
굴레

백 이사는 사회 첫 관문부터 남녀차별의 벽에 부딪혔다. 서울의대 졸업 당시 이례적으로 여자 동기들이 많았다. 여의사를 한두 명 배출하기도 어렵던 1980년대에 10명의 졸업생이 나왔다. 레지던트 경쟁은 치열했다. 그러자 여학생끼리 경쟁을 시켰다. 남학생의 경쟁률을 줄여주기 위해서였다.

백 이사는 여자 동기들과 여자 선배들을 찾아다니며 학교의 부당함을 알렸다. 결국 여대생 모두 레지던트로 남게 됐다. 하지만 레지던트가 끝나고 전공과목을 선택할 때도 마찬가지였다. 여의사를 거부한 학과도 있었다. 그는 "남자들과 정식으로 경쟁하면 여자들이 훨씬 우수하지만 공정한 경쟁을 안 시켜주겠다는 것이었어요. 그땐 이유도 없이 거부당해도 어쩔 수 없었죠"라고 털어놨다.

그래도 그는 치열하게 살았다. 졸업 후 100병상(환자 침대가 100개인 병원)의 중소병원에서 하루 최소 100명, 많을 때는 200명의 환자까지 봤다. 화장실도 포기하고, 점심시간 15분을 제외하고 꼬박 환자를 봤다.

진료를 마치고 집에 돌아가면 시댁 식구들과 아이들이 기다렸다. 저녁식사 준비부터 뒷정리까지 모두 그녀의 몫이었다. 남편이 유학을 떠난 7년간 그는 홀로 아이 둘에 시부모님을 모시고 지냈다.

"제가 운이 좋았어요. 시부모님이 아이 둘을 모두 키워주셨거든요. 그렇지 않았다면 육아 때문에 일을 못했을 수도 있어요." 지금 돌이켜보면 시부모님께 감사한 마음뿐이다. 하지만 그때로 돌아가면 인생은 '고단함 그 자체'였다.

백 이사는 "휴일이 가장 힘들었을 정도였죠. 당시에는 당연한 것으로 여기고 살았는데, 나중에 미국 가서 애들하고만 지내니까 살림은 참 쉽더라구요"라고 말했다.

마흔,
나를 위한 투자의 시간

"앞으로 25년을 더 활동해야 하는데 의료지식을 업데이트할 필요가 있어요. 또 그동안의 삶이 가족과 환자를 위해 살아온 만큼 처음으로 '나를 위해 살아야겠다'라는 결심을 했어요."

나이 마흔. 백 이사는 미국 유학길에 올랐다. 고등학생인 딸과 초등학생인 아들만 데리고 떠났다. 미국 보스턴의 터프츠(Tufts) 대학교 내의 미국 농무부 소속 노화영양연구센터에서 3년 6개월을 지냈다. 아이 둘을 교육시키며 공부를 하는 것은 녹록지 않았다. 귀가 시간이 제각각인 아이들을 픽업해 저녁을 먹인 뒤 다시 연구소로 향했다. 밤새 실험을 한 그는 아침에 다시 집으로 돌아가 아이들을 등교시키는 일도 비일비재했다.

그는 "지금 생각하면 어떻게 살았나 싶네요. 하지만 제가 노인영양을 선택한 것은 정말 잘한 일이었습니다"라고 말했다.

소화기내과를 전공한 백 이사가 노인영양을 공부한 것은 노인질환에 대한 관심 때문이었다. 친정부모님과 시부모님이 하나둘씩 아프기 시작하면서 병원신세를 지는 날들이 많았다. 인구고령화로 노인인구는 갈수록 증가하는데, 노인에 대한 전문적인 치료는 전무했다. 당시만 해도 영양소를 통해 질병을 치료하는 개념인 '영양 테라피'

는 생소한 분야였다.

노인영양은 백 이사의 최대 무기가 됐다. 2012년부터 병원 전체의 영양을 다루는 한국정맥경장영양학회를 맡아 이끌고 있다. 분당제생병원에서 2014년 1월 1일 개설한 국내 최초의 임상영양내과도 책임지고 있다. 미국과 일본에서 노인영양을 공부한 만큼 그가 적임자인 것이다. 노령화로 식사를 거르면서 몸져누운 어르신과 말기 암환자들이 주로 찾아온다.

"노인에게 영양은 정말로 중요합니다. 부족한 영양소를 체크해 보충해주면 누워 있던 사람이 앉아서 밥을 먹고 화장실을 갑니다. 저도 예상하지 못할 정도로 회복 속도가 좋아 오히려 환자에게 감사해 하고 있어요."

백 이사는 앞으로 '영양 테라피'를 확산시키는 것이 목표다. 병원 영양 시스템이 없는 중소병원이나 요양시설에 노인에 대한 영양 테라피의 표준을 만들어 보급하는 것이다.

커리어가 쌓일수록 높아지는 '유리천장'

"여성들은 직장생활 초반에는 능력만 있으면 된다고 생각해 업무 자체에만 중점을 둡니다. 하지만 경력이 쌓일수록 견제가 많이 들어옵니다."

특히 여성의 경우 사내 정치에는 관심이 없다. 윗사람과 어떤 관계를 유지해야 승진하는지, 누군가를 설득하기 위한 방법 등에 서툴다는 것이다. 업무에만 열중하는 점이 여성의 장점이지만, 연차가 올라갈수록 '실력' 만으로는 승진하기 어렵다. 인간관계에서 전략이 없는 점이 유리천장이 된 것이다.

백 이사는 "후배 여성들은 사람과의 관계를 지속하는 능력도 필요해요. 무조건 일만 할 것이 아니라 자신의 업무를 인정받을 수 있는 전략도 배워야 할 것입니다"라고 조언했다.

유리천장을 깨기 위해선 제도적 개선이 필요하다는 지적이다. 자녀에게 무슨 일이 생기면 놀라서 쫓아가는 사람은 아직까지 엄마다. 그는 "후배 세대는 육아 문제를 국가적으로 풀어야 해요. 아빠의 생각이 바뀌도록 제도적으로 뒷받침하는 것도 중요하죠"라고 강조했다.

백 이사는 여성들 사이의 네트워크를 중시한다. 선후배가 경험을 공유하는 자리가 여성의 사회적 위상을 높인다는 믿음에서다. 미국 여자의사회의 경우 의대생과 전공의 등의 멘티그룹과 선배 멘토그룹 등을 연결해 삶에 대한 조언은 물론, 전공 방향, 취업과 연구까지 도움을 주고받는다. 그는 한국여의사협회에서 이 같은 프로그램을 만들었다.

백 이사가 회장을 맡고 있는 함춘여의사회에서도 멘토링을 구체화할 계획이다. 그는 "서울의대 동문들이 모두 뛰어난 인재들인데 선배로서 지혜를 나눌 기회가 없었어요. 멘토링과 함께 의사 본연의 임무인 봉사활동도 열심히 할 생각입니다"라고 말했다.

 **백현욱 한국여자의사회 국제이사는**

- ▲ 1956년 서울 출생
- ▲ 1980년 서울대학교 의과대학 졸업
- ▲ 1984년 서울가야병원 근무
- ▲ 1986년 미국 보스턴 터프츠 대학교 노화영양연구센터 근무
- ▲ 1997~2003년 인제대학교 일산백병원
- ▲ 2004년 일본 과학기술청 후원 동경도노인총합연구소
- ▲ 2003년 분당제생병원 소화기센터

경기필하모닉 오케스트라 예술단장

성시연

소통은 포르테, 마음은 안단테

소통은 포르테, 마음은 안단테

포르테(forte). 음을 크게, 세게 연주하라는 뜻의 악상기호다. 그에게는 의미가 남다르다. 106명의 단원들 모두의 포르테를 들어야 하기 때문이다.

지휘자는 그렇다. 전체 악기에서 내뿜는 소리는 물론 단원들의 숨소리조차 놓쳐서는 안된다.

성시연 경기필하모닉 오케스트라 예술단장. 전 세계를 통틀어 현역으로 뛰고 있는 몇 안 되는 여성 지휘자 중 한 명이다. 국내 국립오케스트라 지휘자로서는 '1호 여성'이라는 별칭을 얻었다. 그만큼 전 세계적으로 여성 지휘자를 만나는 것은 쉽지 않다.

성 단장은 권위주의, 상하의식은 깨져야 한다고 강조했다. 무조건 나는 상관이니까, 명령하는 입장이니까 하는 권위주의와 상하의식은 사라져야 한다는 것이다. 그는 오케스트라 분야에서 이런 권위주의는 앞으로 내닫는 데 큰 걸림돌이라고 덧붙였다. 음악은 같이 만들어 나가는 과정이라는 것이다. 즉 마음을 공유하는 것이라고 힘 주어 말했다.

내가 걸어온 그곳이
길이 되더라

남의 소리를
듣는다

성 단장은 "명령하면서 마음을 닫아버린다면 기계적 결과물만 나올 수밖에 없어요. 영혼의 교류가 가능할 때 관람객들에게 다가가는 음악을 만들 수 있습니다"라고 강조했다. 이는 성 단장에게 던져진 하나의 도전이다. '여자가 뭘? 여자니까 얕아보일 것 같은데?'라는 선입견을 깨기 위해 반드시 넘어야 할 산이다. 그는 '하나의 소리'를 만들기 위한 가능성에 뛰어들었다. 그는 "단원이 106명이니까 106마디의 포르테가 있는데, 그중에는 남성도 있고 여성도 존재하죠. 남성과 여성의 차이가 아니라 106개의 포르테를 모두 듣고 이를 하나의 소리로 만드는 것이 가장 중요합니다"라고 말했다. 하나의 소리가 나오기 위해서는 무엇이 중요할까. "자신의 소리를 반으로 줄이고 남의 소리를 들어야 해요. 내 소리만 강조하다 보면 '하나'가 되지 못하죠. 남의 소리를 듣고 그곳에 자신의 소리를 맞추다 보면 어느새 소리가 달라져 있음을 깨닫습니다. 성악가와 협연을 할 때 오케스트라는 성악가를 돋보이게 하는 배경이 돼야 하죠. 소리를 하나로 모으는 것, 그것이 오케스트라의 최대 숙제이며 그곳에는 남성과 여성의 구별이 없습니다."

성 단장이 경기필하모닉에 가능성을 걸고 있는 것은 또 하나 있다. 바로 '젊음'이다. "우린 젊습니다. 경기필하모닉 단원들 평균 연령은 28세입니다."

그래서였을까. 그는 2014년 3월 27일 데뷔 연주회를 가졌다. 말러의 「부활」을 선택했다. 말러의 곡은 난해하기로 유명하다. 1시간 20

분 동안 쉬지 않고 달려야 하는 곡이다. 그는 2014년 6월 26일 예술의 전당에서 두 번째 연주회를 개최했다. 이 자리에서 카롤 시마노프스키의 4번 교향곡 「신포니아 콘체르탄테」와 벨라 바르톡의 「관현악을 위한 협주곡」을 연주했다.

"첫 데뷔 연주 테마로 말러의 「부활」을 올린 것은 가능성을 제시해보고자 함이었죠. 우리 인생은 모두 가능성을 지니고 있습니다. 가능성이 없다면 도전도 없어요. 말러를 통해 가능성을 확인한 것이죠. 이번 두 번째 연주회에서는 확인된 가능성을 더욱 확대해 도전에 나선 것입니다."

성 단장은 늘 그렇다. 가능성과 도전에 인생의 방점을 찍고 있다. 여성 1호라는 타이틀은 분명 부담이다. 그렇다고 기죽지 않는다. 어릴 때부터 가능성에 꿈을 실었고 그 꿈을 실현시키기 위한 도전에 나섰기 때문이다. 그에게 가능성과 도전이 없는 인생은 허무한 장르에 불과하다.

"오케스트라에서도 여성의 영역은 넓어지고 있어요. 관악기는 그동안 여성의 금단영역이었는데 지금은 그렇지 않아요. 팀파니 등도 여성이 연주하거든요. 플루트, 오보에, 클라리넷 등 부드러운 악기뿐만 아니라 여성들의 힘찬 가능성이 큰 도전을 불러일으키고 있습니다."

여성 1호라는 타이틀의 부담감에 대해 성 단장은 "스스로 여성과 남성의 차이에 대해 개의치 않습니다"면서도 "주변에서 여성으로서 앞으로 어떻게 할 것이냐, 조직을 이끌어가는 데 여성의 역할이 무엇이냐는 질문이 오히려 부담"이라고 털어놓았다. 한마디로 여성이기 때문에 오는 압박감이 아니라 '이목이 집중되다 보니' 느껴지는 부담이다.

"언제나 판타지를 그립니다. 판타지를 하나하나 실현시켜나가는 과정이 즐거워요. 물론 그 과정은 무척 어렵고 힘들어요. 여기저기 흩어져 있는 그림을 짜 맞춰야 하기 때문이죠. 그림 하나를 들고 맞는 자리에 집어넣었을 때 한 단계 상승합니다. 그 과정에서 경험하는 희열은 겪어보지 못한 사람들은 모르죠. 여성이기 때문이 아니라 자신과 싸우는 과정에서 스스로를 이겨내는 도전이 중요합니다."

최근 몇 년간 어려운 시기를 겪은 성 단장은 "다른 사람들이 보기에는 배부른 소리일지 모르겠네요" 하고 운을 뗀 뒤 "음악에 대한 꿈은 여전히 크고 가야 할 길은 먼데, 최근 그런 길에 회의감이 든 적이 있습니다"라고 말했다. 꿈을 버린 것은 절대 아닌데 갑자기 밀려드는 회의감에 스스로 당혹스러웠다는 것이다. 지금은 그 단계마저 뛰어넘어 또 다른 그림 퍼즐을 찾고 있노라고 했다.

작은 일에도
최선, 정성 다한다

단장으로서 욕심이 없을 수 없다. 성 단장은 "전 세계와 비교해보면 우리나라 오케스트라는 지금 발전하고 있는 중입니다. 우리나라에서 성공한 오케스트라 모델을 정착시키는 게 하나의 욕심이고 많은 부분을 이곳에 집중할 거예요"라고 다짐했다.

전 세계적으로 유명한 베를린필, 비엔나필 등 좋은 오케스트라가 많은데 그 이유는 '그들의 문화'가 있기 때문이라고 분석했다.

200~300년 되는 긴 역사 속에서 그들의 문화가 관객들을 소리의 향기로움으로 이끈다는 것이다.

경기필하모닉의 역사는 이제 20년 정도 된다. 갈 길이 멀다. 성 단장은 단원들에게 또 하나의 주문을 했다. '투철한 프로의식'이다. 그는 "좋은 오케스트라는 프로의식을 지니고 있어야 합니다. 프로의식이 있을 때 관람객 앞에서 당당히 자신의 소리를 내고 이 모든 것이 결합돼 좋은 판타지를 만들 수 있습니다"라고 진단했다.

그는 정기적으로 북유럽 등으로 출국해 객원 연주회를 갖는다. 기회 있을 때마다 게스트 지휘자로 나서 그곳 오케스트라와 함께 연주한다. 다양한 소리를 듣기 위해서다. 다른 사람의 소리를 듣지 않고서는 나만의 소리를 낼 수 없기 때문이다.

그는 다섯 살 때부터 피아노를 쳤다. 어머니는 성악가가 되기를 원했다. 손이 작아 피아노보다는 지휘를 택했다. 자신이 판단하기에 성악에는 소질이 없는 것 같아 지휘로 방향을 틀었던 것이다. 그는 부산에서 태어나 초등학교를 다녔고 서울에서 중고등학교를 졸업한 뒤 스위스로 음악공부를 위해 떠났다.

그는 최근 한 사람에 주목하고 있다. 지휘 계에서는 머리 희끗희끗한 나이 많은 남성들은 많다. 반면 여성 지휘자들은 50대를 넘기면 현역을 은퇴하는 경우가 대부분인데, 유일하게 마린 알솝(58세)이 아직 지휘봉을 잡고 있다. 마린 알솝은 미국 볼티모어 심포니 오케스트라의 음악감독을 맡고 있다. 성 단장은 "나이가 들더라도 여성 지휘자가 현역에서 활동하는 롤모델을 만들고 싶어요. 실력이나 음악성보다는 여성의 외모에 더 많은 방점을 주는 불합리한 시스템과 무관하지 않을 텐데, 그것을 극복하는 가능성이 또 하나 열렸고 저는 그 가능성을 실현하기 위한 도전에도 나설 겁니다"라고 다짐했다.

최근 자신이 본 「역린」이란 영화의 한 대사를 옮겨왔다. "작은 일도 무시하지 않고 최선을 다해야 한다. 작은 일에도 최선을 다하면 정성스럽게 된다. 정성스럽게 되면 겉에 배어 나오고 겉에 배어 나오면 겉으로 드러나고 겉으로 드러나면 이내 밝아지고 밝아지면 남을 감동시키고 남을 감동시키면 이내 변하게 되고 변하면 생육된다. 그러니 오직 세상에서 지극히 정성을 다하는 사람만이 나와 세상을 변하게 할 수 있는 것이다."

성 단장은 이 말을 옮기며 "작은 일에도 무시하지 않고 최선을 다하고 정성을 다하는 것, 그것이 저의 가능성이자 도전입니다"라고 강조했다.

성시연 경기필하모닉 오케스트라 예술단장은

- ▲ 1994년 서울예술고등학교 졸업, 취리히 음대 피아노과 입학
- ▲ 2002년 베를린 국립음대 졸업
- ▲ 2006~2007년 스톡홀름 로얄 콘서바토리 최고연주자 과정
- ▲ 2008년 한스 아이슬러 최고연주자 과정 졸업
- ▲ 2007~2010년 보스턴 심포니 오케스트라 부지휘자
- ▲ 2009~2013년 서울시립 교향악단 부지휘자
- ▲ 2014년 경기필하모닉 오케스트라 예술단장

신순철

신한은행 부행장

여성차별, 이겨내니 경쟁력 되더라

"여성차별, 이겨내니 경쟁력 되더라"

진인사 대천명(盡人事 待天命). 신순철 신한은행 부행장(54세)의 집무실 책상 뒤에 걸린 글귀다. '인간의 일을 다하고 나서 천명을 기다린다'라는 뜻이다. 15년 전 행사장에서 만난 서예가에게 부탁해 얻은 이후 늘 가슴에 담고 있다. 힘이 들 때마다 '진인사 대천명'을 읊조리며 '지금 나는 최선을 다하고 있는가'를 되묻는다. 그 끝없는 질문이 지금의 신 부행장을 단련시켰다. 진인사 대천명은 신 부행장의 또 다른 자아(自我)다.

역경이야말로
진짜 '스펙'이다

35년. 1979년 대전여상을 졸업하고 조흥은행(현 신한은행)에 입행한 신 부행장이 일해온 햇수다. 웬만한 남성들도 한 직장에 35년간 근무하기 힘든데, 하물며 여성인 신 부행장은 더욱 그러하지 않았을까. "여자라서 차별이 많지 않았나요?"라며 운을 떼자 그는 웃으며 답했다. "그렇다마다요. 그런데 그게 다 나중에 저의 경쟁력이 되더라고요."

차별이 힘이 된다는 게 무슨 뜻일까. 신 부행장이 입사할 당시만 해도 여성 행원들은 지폐 세기와 입출금 등 단순업무에 배치됐다. 단지 '여자'라는 이유만으로 함께 입사한 남성 행원들보다 호봉도 낮게 받았다. 남성들과 같은 대접을 받기 위해서는 '행원 전환고시'를 봐야 했다. 1년에 2~5명만이 통과하는 어려운 시험이었다. 선후배들이 "해봐야 안된다"라며 말렸지만, 신 부행장은 '못할 이유가 없다' 하는 각오로 4년간 달라붙었다. 8번의 시험을 본 끝에 그는 5명 안에 들 수 있었다.

신 부행장은 "전환고시에 도전하는 과정에서 굉장히 많은 공부를 했고, 동년배 남자들보다 월등한 경쟁력을 갖출 수 있었어요"라고 회고한다. "결국 전환고시라는 차별이 나를 더 경쟁력 있게 만들어준 셈이죠"라고 말했다. 전환고시는 1990년대 들어서면서 사라졌지만, 신 부행장은 그 이후로도 알게 모르게 여성이라는 이유로 차별을 받았다. 그는 그럴 때마다 '결국 이 모든 것이 나의 경쟁력이 된다'라는 마음으로 참아냈다.

그는 '여성이라서 안된다'라는 차별을 이겨내는 것은 힘들지만 이겨내면 주변으로부터 인정을 받게 된다면서, "전환고시는 내가 통과한 뒤 얼마 지나지 않아 사라졌지만, 향후 승진에도 그 경험이 보탬이 됐죠"라고 말했다.

신 부행장은 '여자니까 못한다', '여자라서 안된다'라는 말을 제일 싫어한다. 단 한 명의 여성의 실수를 여성 전체로 확대하는 남성들의 편견이 숨어 있다는 것이다. 그는 이런 말을 듣지 않기 위해서라도 여성들이 남성보다 1.5배 더 일해야 한다고 주장한다. 그는 "신한은행 과장급 여성 직원들의 모임이 있는데 언제나 '우리는 남자들보다 1.5배 더 열심히 한다'라는 이야기가 나와요"라면서 "자긍심을 갖고, 여성으로서 당당하게 살아가자고 서로를 독려한답니다" 하고 말했다.

'첫번째' 라는 무거운 책임감

踏雪野中去(답설야중거) 不須胡亂行(불수호란행) 今日我行跡(금일아행적) 遂作後人程(수작후인정). 신한은행 첫 여성 임원으로 선임된 뒤 신 부행장이 자주 되뇌는 서산대사의 선시다. 백범 김구 선생의 애송시이기도 한 이 시는 '눈 덮인 들판을 걸어갈 때는 함부로 걷지 마라. 오늘 남긴 내 발자국은 뒷사람의 길이 된다'라는 뜻을 담고 있다. 신 부행장은 "선배로서 제 발자국이 후배들에게는 이정표가 될 것이라 생각하니 어깨가 무겁고 사명감도 깊어집니다. 제가 뱉은 말 한마디 한마디에도 조심하고 있어요"라고 말했다.

시대를 앞서간 사람(프런티어)으로서, 그는 후배들에게 꿈을 가지라고 조언한다. 프런티어가 되기 위해서는 언제나 한 단계 위를 봐야 한다는 것이다. 신 부행장은 "처음에 은행에 들어올 때부터 임원이 되고 싶다고 생각했다기보다, 언제나 한 단계 위를 보고 행동했죠. 영업점에 배치됐을 때는 그 점포의 요직을 꼭 거쳐봐야겠다고 생각했고, 외환업무 파트가 새로 생겼을 때는 외환업무를 보고 싶다고 요청도 하면서 다양하게 업무를 섭렵하다 보니 승진도 하고 기회도 왔습니다"라고 말했다. 처음부터 높은 곳을 보기보다는 자신이 이룩할 수 있는 현실적인 꿈을 보면서 차근차근 올라가야 한다는 것이다.

신 부행장은 대부분이 결혼을 인생의 목표로 삼던 과거에 비하면 후배 여성들의 꿈도 점점 커져가고 있다고 평가했다. 그는 옛날에는 결혼하면 그만둬야지 하는 생각이 보편적이었는데, 요즘은 절반 이상의 여성이 자기 꿈을 갖고 도전하는 모습이 보기 좋다며 "요즘에는 여성 대통령, 여성 행장, 여성 임원들도 늘면서 여성들이 꾸는 꿈의 크기도 더 커졌어요"라고 말했다.

그렇기에 그는 프론티어로서의 부담감과 함께 자부심도 가질 수 있다고 털어놨다. 신 부행장은 여직원들과 상담할 때마다 "제 꿈이 커질 수 있도록 해주셔서 감사합니다" 하는 말을 자주 듣는다. 그는 "어깨가 무거운데, 동시에 후배들에게 '길'이 돼주었다는 생각을 하면 몸이 가벼워져요"라고 미소를 지었다.

육아,
죄책감을 털어버려라

그런 신 부행장도 도전정신만으로 해결이 안되는 일이 있었다. 바로 육아였다. 초등학교 2학년 딸이 어버이날 편지에 '엄마가 회사에 안 나가면 좋겠다'라고 쓴 것을 본 순간, '철의 여인'인 그의 마음도 크게 흔들렸다. 하지만 언젠가는 엄마의 마음을 알아줄 것이라고 생각하며 버텼다.

신 부행장은 "진정성은 결국 통하기 마련이에요"라며 "아이들 역시 돌봐줄 시간이 적고 놀아주지는 못하더라도 자라면 엄마의 사랑을 알아주죠"라고 말했다. 그의 진정성이 통했는지, 30대가 된 딸은 이제 어머니의 마음을 이해해준다고 한다. 얼마 전 가정을 꾸린 아들은 "은행 업무에 도움이 되었으면 좋겠습니다"라며 어버이날 선물로 웨어러블 기기를 선물했다.

그는 자신에게 상담하러 오는 후배들에게도 언제나 같은 조언을 건넨다고 한다. 아이들을 떼어놓고 직장에 다니려니 마음이 아파 퇴사하겠다는 한 여성 과장을 그는 기필코 말렸다. 신 부행장은 "지금 같이 있어주는 것이 중요한 것이 아니라, 주어진 환경에서 최선을 다하고 사랑해주는 것이 중요해요. 그런 과정을 모두 견디고 나면 아이들이 나중에 어머니를 자랑스러워할 거예요"라고 말했다.

신 부행장은 여기에서 더 나아가 아이들을 믿으라고도 말한다. 그는 "우리가 생각하는 것만큼 아이들은 나약하지 않아요. 내가 돌봐주지 못하니 아이들이 게임에 빠지고, 공부도 안 한다고 생각할 수 있지만 시간이 지나면 원위치로 돌아오게 마련이죠"라고 말했다.

여성들 '편함' 버리고
전략적으로 살라

"여성들이 아는 언니, 동생들하고만 친하게 지내면 발전이 없어요. 친하지 않은 사람들과도 만나고 견문을 넓혀야 합니다."

신 부행장은 후배들에게 자극을 주는 선배 역할을 마다하지 않는다. 30년 전 전환고시를 보며 '이 길이 맞나' 고민할 때마다 주변의 여성 선배들이 "기회가 주어졌는데 왜 도전하지 않느냐"라며 쉴 새 없이 자극을 준 것이 지금도 기억에 뚜렷이 남아 있기 때문이다. 그는 "자극을 주는 선배만큼 고마운 분이 없어요"라고 말한다.

과거에는 차별을 넘어서는 것만으로도 앞서 나가는 게 가능했지만, 남녀평등이 어느 정도 실현된 요즘에는 이를 넘어선 '특별함'이 필요하다. 신 부행장이 전략을 강조하는 것도 그 때문이다. 그는 요즘도 사회적 인프라가 여전히 남성 위주지만, 여성차별이 과거에 비해서 그렇게 심한 편은 아니라는 생각을 갖고 있다. "여성의 장점을 살리면서도, 그 지위에 안주하지 말고 전략적인 마인드를 갖고 남자들보다 앞서 가는 실력을 갖추려는 노력을 해야 합니다"라고 말했다.

일은 잘하는데 회사생활을 못하는 전형적인 여성이 되어서는 안된다는 것이다. 그러기 위해서는 일단 '편함'을 버려야 한다는 것이 그의 생각이다. 그는 여성들이 편한 친구, 편한 언니들과는 잘 어울려 다니면서 그 외에는 인간관계의 외연을 넓히려는 시도를 잘 하지 않는다고 지적했다. 신 부행장은 "회사 내 선배, 동기를 탈피해 타 회사, 타 산업 분야의 친구들과 만나서 대화와 인맥의 폭을 넓힐 필요가 있어요"라고 조언한다. 그리고 "꼭 친구가 아니더라도 사회 다방면의 친목모임을 활용해 식견을 넓혀야 다른 시각에서 생각할 수 있는 기회를 가질 수 있습니다"라고 강조했다.

또 신 부행장은 여성들이 단편적·단기적인 사고나 지금 당장 눈앞의 일은 꼼꼼하게 잘하면서도 멀리 보고 장기적으로 시야를 넓게, 글로벌적으로 가져가는 것에는 취약하다고 꼬집었다. 그는 네트워크는 물론 신문, 책 등 여러 가지 경로를 통해 사고의 지평을 넓히고 좀 더 멀리 보고 전략적으로 보는 습관을 길러야 한다면서, "나 중심적인 생각, 틀에 박힌 생각으로는 특별해질 수 없습니다"라고 말했다.

여자가 나댄다는 사회의 시선에는 초연하게 대응해야 한다고 충고했다. 신 부행장은 "여자가 중요한 자리에 앉으면 '여자가 뭘 안다고…' 하는 목소리도 나오고, 남자들이 해도 잘 못할 것 같은 일도 '여자가 해서 잘못됐다' 하는 이야기도 나오는데요. 이런 사회풍조를 한꺼번에 바꿀 수 없다는 점을 인정하고 외유내강으로 대응해야 해요"라고 조언했다.

인생 자체가 하나의 큰 도전이었던 신 부행장은 2014년 새로운 도전의 길을 걷고 있다. 그가 맡은 최고정보책임자(CIO) 직위는 최근 금융권의 뜨거운 감자 중 하나인 정보보안과 밀접하게 연결되어 있다. 금융권 보안망을 시도 때도 없이 뚫고 들어오는 해커들의 공격에 언제나 깨어 있어야 하는 만큼 부담도 크다. 신 부행장은 과거 정보통신(IT) 기반 사업의 영업을 맡은 일은 있지만 CIO는 새로운 도전이라

설레기도 하고 걱정도 된다. 그는 지금도 늘 세미나나 학술회의 등을 찾아다니면서 공부를 게을리하지 않고 있다.

신순철 신한은행 부행장은

- ▲ 1960년 출생
- ▲ 1979년 대전여자상업고등학교 졸업, 조흥은행(현 신한은행) 입행
- ▲ 1998년 여신지원부 신용조사역
- ▲ 2001년 강서기업금융센터 지점장
- ▲ 2002년 영등포기업지점 지점장
- ▲ 2006년 신촌중앙기업금융지점 지점장
- ▲ 2009년 남부터미널금융센터 센터장
- ▲ 2011년 개인금융부장
- ▲ 2012년 경기중부본부 본부장
- ▲ 2014년 신한은행 부행장(CIO)

서울고등검찰청 차장검사

조희진

내 안에 유리천장부터 깨라

내 안에 유리천장부터 깨라

유리천장은 외부에만 있는 것이 아니다. 내 안에서 스스로 깨지 못하는 내부의 유리천장도 있다. 남자와 여자가 사는 인류 역사에 여성차별은 한 챕터를 장식할 만큼 깊고 오래된 텍스트다. 시간이 흐르고 환경이 변화하면서 외적 유리천장은 조금씩 사라지고 있다. 여성들에게 남아 있는 내부의 유리천장도 하나씩 깨트려나가야 한다고 주장하는 이가 있다. 조희진 서울고등검찰청 차장검사(검사장)가 주인공이다. 조 검사장은 "우리 사회에는 여전히 여성차별이 존재하는데, 이런 외적인 유리천장과 함께 여성 내부에 있는 유리천장도 하나씩 사라져야 할 요소예요"라고 강조했다.

내적·외적 유리천장, 여성 스스로 깨트려야

사람을 만나고 대화하는 것이 중요하다고 조 검사장은 말했다. 사람을 만나 이야기를 하다 보면 다른 사람에 대한 이해가 생기고 그 이해가 소통으로 이어진다는 것이다. 조 검사장은 "세상은 많이 달라졌는데, 다른 여성을 만나 이야기를 하다 보면 여전히 모험이나 세상에 대한 도전보다는 안정적 일을 추구하려는 모습이 강해요. 이런 것들이 어쩌면 스스로 내부 유리천장을 만드는 것일 수도 있죠"라고 지적했다.

그는 다른 사람에 대한 이해와 소통 없이는 세상에 대한 이해의 폭을 넓힐 수 없다고 진단했다. 사회에 대한 관심은 다른 사람을 만나게 하고 그 만남에서 대화를 통한 소통이 조금씩 이뤄질 때 사회는 변화를 시작한다는 것이다. 조 검사장은 "24년 검사 경험상 사람을 만나면서 얻는 게 참 많았어요. 무엇보다 젊은 여성들은 실력을 키우기 위해서라도 많은 사람들을 만나 적극적으로 활동하겠다는 의지가 중요합니다"라고 말했다.

유리천장은 충분한 능력을 갖춘 여성이 직장 내 성차별 등으로 고위직을 맡지 못하는 상황을 비유적으로 이르는 경제학 용어다. 천장은 승진을 방해하는 상황을 비유적으로 표현한 것이다. 이런 차별은 공식적 정책 등에는 드러나지 않아 존재하지 않는 것처럼 보이는데, 이를 두고 유리천장이라 부른다.

초임검사 시절,
법과 온정 사이에서

조 검사장은 1990년 서울지검 검사로 첫 검사생활을 시작했다. 20대 중반의 젊은 나이, 그것도 여성으로서 현직 첫 검사였다. 그동안 여검사가 없었던 것은 아니다. 조배숙, 임숙경 검사 등이 있었는데 1985~1986년 사이 이들이 검사를 그만두면서 조 검사장이 유일한 현직 검사였다. 형사부에서 일을 시작한 조 검사장은 초임 시절 법과 온정 사이에서 많은 갈등을 했다.

한번은 중국집 종업원과 사장 사이에서 벌어진 폭행 사건으로 종업원이 구속되는 사건이 발생했다. 종업원이 폭력을 행사해 사장에게 2주 정도의 상해를 입혔는데, 조사 과정에서 종업원의 심정을 충분히 이해할 만한 사건이었다.

조 검사장은 "피의자를 조사하는 과정에서 인간으로서 이런 일이 일어날 수도 있겠구나 하는 생각이 참 많이 들었죠. 증거를 통해 법리 해석을 하고 처벌을 해야 하는 검사와 한 인간으로서 피의자의 마음을 이해하는 중간에서 힘들었던 경험이 많았어요"라고 되뇌었다.

지적재산권을 둘러싸고 벌어진 사건도 기억에 남는다. 당시 경제기획원 시절 미국은 슈퍼301조를 들먹이며 우리나라의 지적재산권 침해에 대해 강하게 압박을 가해오던 시절이었다. 정부는 예산까지 따로 편성해 지적재산권 단속에 나섰다. 위반한 사람들이 줄줄이 입건됐다.

조 검사장은 "검찰의 사명은 법을 집행하기 위해 증거를 수집해 나쁜 사람을 처벌하는 것인데, 당시 지적재산권 침해로 입건된 피의자들을 일일이 조사한 결과 대부분 영세한 사업자였고 심정적으로 충분히 이해할 수 있는 사람들이었습니다"라고 말했다. 그런 피의자들에게 '나쁜 놈'이라는 잣대만을 들이대기에는 마음이 허락지 않았다고 기억했다.

그가 판사와 변호사보다는 검사를 지망하게 된 것에 특별한 이유는 없다. 법조인으로서의 길을 걷겠다는 것도 대단한 사명감이 있었기 때문은 아니다. 조 검사장은 "일제 강점기 때 부친께서는 특정 대학의 강의록까지 배달받으면서 고학을 하셨고 사법시험 응시까지 생각하시던 분이었죠. 그런 환경에서 자연스럽게 법대를 들어가게 됐고 사법시험을 본 것입니다"라고 말했다. 법대를 지망하게 된 배경에는 법대를 나오면 취직하는 데도 보탬이 되리라는 소박한 꿈도 있었다고 밝혔다. 덧붙여 그는 자신의 조용하거나 차분하기보다는 적극적이고 나서는 성격을 검사로 나아가는 또 다른 배경으로 꼽았다.

최초의
공판 여검사

법조계에서 검사의 역할은 상당하다. 그중 검사의 꽃은 '공판'에 있다. 공판은 말 그대로 공개된 법정에서 피의자, 증인을 출석시켜 법관 앞에서 변호사와 치열한 공방을 통해 검사가 구형하는 행위를 말한다. 드라마나 영화에서 법조인의 권위를 볼 수 있는 곳이다. 조 검사장은 여성 최초로 공판 검사를 지냈다. 1990년대 중반까지만 하더라도 여성이 공판에 나서는 것은 일종의 금기였다. 여자가 어떻게 공판에 설 수 있느냐 하는 편견과 인식이 강했다. 조 검사장은 이런 인식에 도전장을 던졌다. 자신의 동료 남자 검사들은 공판에 나서는데, 자신은 계속 송무 업무에만 배치됐다. 그러던 어느 날 기회가 찾아왔다. 남자 공판 검사 선배 중 한 명이 단기 연수를 떠났다. 이때를 놓치지 않고 조 검사장은 공판에 나서고 싶다는 적극적인 의사를 전달했고, 마침내 공판에 나설 수 있었다.

조 검사장은 "지금은 여자 검사가 몇백 명 되는 상황이니 공판에 나서는 것이 이상하지도 않고 '여자가 어떻게 감히…' 하는 인식도 없어요. 그러나 당시에는 여자가 공판에 선다는 것 자체가 아주 드물고 특이한 사건이었죠"라고 기억을 되살렸다. 조 검사장의 적극적이고 추진력 있는 성격이 한몫 한 셈이다.

법을 집행하는 검사의 신분임에도 출산휴가를 가는 것에는 부담감이 없지 않았다고 말했다. 조 검사장은 "당시 2개월의 법정 출산휴가를 다녀왔어요. 그런데 그때만 하더라도 심정적으로 부담이 많았죠. 사회 분위기가 당시에는 휴가는 쓰지 않거나 안 가는 것이 예의였고, 출산휴가도 마찬가지였습니다"라고 기억한다.

분골쇄신 자신의 안락보다는 조직을 위해 충성하는 것이 미덕인 시대였던 셈이다.

24년 검사생활, 소통이 답이다

그에게도 육아가 가장 힘든 일이었다. 조 검사장의 경우 친정부모와 남편이 많이 도와줬는데도 일과 육아를 같이한다는 것은 쉬운 일이 아니었다. "더욱이 저의 경우에는 '첫'이란 타이틀이 따라다녔기 때문에 더욱 조심하고 주의하지 않을 수 없었습니다"라고 토로했다.

24년 동안 검사 생활을 하면서 선배로서 하고 싶은 말을 부탁했을 때 조 검사장은 '대화와 커뮤니케이션'을 꼽았다. 조 검사장은 "제가 19기인데 27기에 이르기까지 약 8년 동안은 매년 여검사가 한 명밖에 들어오지 않았어요. 당시에는 여검사 모임을 따로 만들어 대화를 많이 했죠"라고 말했다.

조 검사장은 요즈음 젊은 세대를 만나 대화를 하다 보면 자신이 말을 많이 하기 때문인지는 몰라도 이야기를 잘 안 하는 흐름이 있다고 생각한다. 따라서 "듣고만 있는 소극적 자세가 아니라 자신의 이야기를 누구에게나 털어놓고 적극적으로 말할 수 있는 자세가 필요해요"라고 주문했다. 그가 '적극적 대화'를 요구하는 이유는 간단하다. 그 대화가 계속 이어지다 보면 서로 친밀감이 형성되고 마침내 소통에 이르기 때문이다.

또 도전하는 것이 중요하다는 의견도 내놓았다. 조 검사장은 남자와 여자는 분명 다르다는 점을 인식하되 "다른 점을 서로 인정하고 공유하는 것이 중요하고, 나아가 여성의 경우 도전하고 그것에 따른 성취감을 보여주는 것 또한 무엇보다 포기할 수 없는 것 중의 하나예요"라고 덧붙였다.

 **조희진 서울고등검찰청 차장검사는**

- ▲ 1962년 충남 예산 출생
- ▲ 1981년 서울 성신여고
- ▲ 1985년 고려대학교 법학과
- ▲ 1987년 제29회 사법시험 합격
- ▲ 1990년 서울지검 검사
- ▲ 1998년 법무부 여성정책담당관
- ▲ 2005년 사법연수원 교수
- ▲ 2008년 서울중앙지검 형사7부장
- ▲ 2010년 대전지검 천안지청장
- ▲ 2013년 검사장 승진, 서울고검 차장

"지나치게 계획에 집착하지 마라.
일단 무엇이든 할 수 있는 일을 해봐라.
수백 번의 이상적인 생각보다 한번의 실행이 변화의 시작이다."

셰릴 샌드버그(페이스북 COO)

PART 3
개척·도전

프런티어

FRONTIER

개척
도전
Frontier

"세상의 중요한 업적 중 대부분은 희망이 보이지 않는 상황에서도 끊임없이 도전한 사람들이 이룬 것이다."(데일 카네기).

우리는 '여성 1호'가 더 이상 신기하지 않은 시대에 살고 있다. 오히려 각 전문 분야에서 여성의 취업률과 합격률이 남성을 앞지르는 시대에 살고 있다. 하지만 지금으로부터 몇십 년 전으로 시곗바늘을 돌려보자. 여자는 집에서 살림이나 하는 존재라는 인식이 당연하게 받아들여졌다. 심지어는 남성들이 아니라 여성들 스스로도 자기 자신의 가능성에 선을 긋고 사회 주류 논리에 편승하는 경우가 많았다. 몇십 년이 아닌 10~20년 전에도 흔히 일어나던 일이다. 하지만 우리 사회는 이제 여성의 진출에 더 이상 성역은 없다는 사실을 받아들이는 중이다. 보수적이기로 소문난 군대와 금융권에도 여성들이 수장의 자리에 오르기 시작했다. 2012년에는 헌정 사상 최초로 여성 대통령이 당선됐다.

이런 변화를 불러온 것은 현재를 살아가는 우리들보다 몇십 년 앞서 여성에 대한 편견을 넘어선 선구자(프런티어)들이 있었기 때문이다. 이들은 '여자는 안된다'는 고정관념에 맞서 실력과 자신감으로, 때로는 깡으로 버티며 각 분야에서 여성 1호 타이틀을 따냈다. 그 과정에서 흘린 수많은 눈물과

내가 걸어온 그곳이
길이 되더라

땀방울은 후대 여성들의 사회 진출에 밑거름이 되었다. 데일 카네기의 말처럼 지금 우리가 당연하게 여기는 여성의 사회적 지위는 모두 이들이 몸으로 부딪혀 얻어낸 성과인 것이다.

대표적인 굴뚝산업이자 남자의 전유물로 여겨져 오던 시멘트 업계에서 전경화 라파즈한라시멘트 상무는 위험을 무릅쓰며 도전한 결과 영업 분야 최고책임자에 올랐다. 송연순 이비스 앰배서더 인사동 총지배인은 후보 양성 면접장에서 "여성이니 총지배인으로 뽑아야 한다"라며 당당하게 자신을 PR한 덕에 한국 특급호텔계 최초의 여성 총지배인으로 선임됐다. 송혜자 우암코퍼레이션 대표는 안정된 직장인 고등학교 교사직을 내팽개치고 금남의 영역인 엔지니어링 기업에 취업했으며, 다시 3년 만에 창업해 아프리카 등 새로운 영역에 도전한 결과 회사를 중견급 벤처기업으로 키울 수 있었다.

김은영 대한야구협회 부회장은 회장 선거에서 고배를 마셨지만 야구를 포기하지 않고 부회장직을 받아들여 대한야구협회 첫 여성 임원이 되었다. 최정화 한국이미지커뮤니케이션 이사장은 20대에 파리로 건너가 현지 유학생들과 경쟁하며 한국인 최초 국제회의 통역사로 역대 대통령들의 회담장에 동석했다.

포기하지 않고 끊임없이 도전했기에 최초가 될 수 있었다고 이들은 입을 모아 말한다. 이제는 이 시대를 살아가는 여성들이 이들을 보고 배워야 할 때다. "거인의 어깨 위에 올라서면 더 멀리 볼 수 있다"라는 뉴턴의 말처럼, 프런티어의 어깨 위에 올라서서 이들을 배우고 이들보다 한 걸음 더 나아갈 때 여성들의 사회 진출은 더욱더 활발해질 것이다.

대한야구협회 부회장

김은영

그들만의 리그에 꼭 필요한 여성의 돌직구

그들만의 리그에 꼭 필요한 여성의 돌직구

김은영 대한야구협회 부회장은 '첫 여성' 임원으로 1년 6개월의 시간을 보냈다. 부회장 임기가 4년이니 아직 갈 길은 멀다. 김 부회장은 2013년 대한야구협회 회장 선거에 출마했다가 고배를 마셨다. 이후 대한야구협회에서 부회장직 제안을 받았다. 여러 번 거절했다. 거절에 거절을 거듭하다 끝내 부회장직을 맡았다. 그 배경에 특별한 이유는 없다. 김 부회장과 남편의 부창부수(夫唱婦隨) 때문이었다.

부회장, 나한테 어울릴 수 있겠다

"당신(나)한테 어울릴 것 같아요." 김 부회장이 세 번을 거절하자 남편이 김 부회장에게 건넨 말이다. 남편은 왜 부회장직을 맡아야 하는지에 대한 구체적 언급 없이 "당신한테 어울릴 것 같다" 하는 말로 대신했다. 부회장직을 맡아도 괜찮겠다는 권유였다. 김 부회장은 생각했다. 과연 나한테 어울릴까. 여자와 남자를 떠나 이 일이 '나한테 어울린다'면 맡지 않을 이유가 없었다. 한국야구위원회(KBO)가 프로야구의 중심 기구이고 대한야구협회(KBA)는 초·중·고등학교 등 아마추어 야구를 관장하는 대표기관이다. 만만치 않은 자리였다.

"회장 선거에서 떨어진 뒤에 제 일에 매진하고 싶었습니다. 사실 부회장직이라는 게 상징적 자리예요. 회장 선거에서 떨어졌는데 미련이 없었습니다. 그러던 중 학부모 입장에서 아마추어 야구를 바라볼 수 있지 않을까 하는 생각이 들었죠. 아마추어 스포츠라는 게 학부모, 그중 엄마의 역할이 중요하거든요. 고생도 이만저만 아니에요. 그런 면에서 학부모의 입장에서 제가 할 수 있는 일이 있을 것이고 '나한테 어울릴 수 있겠다' 하는 판단을 내렸습니다."

김 부회장은 '어울린다'는 말을 참 좋아한다. 어떤 일을 하든 가장 중요한 잣대는 남녀를 떠나 적성에 맞아야 한다는 것이다. 김 부회장은 "남성과 여성의 성별이 중요한 게 아니라 본인에게 잘 어울리는 일이 있고, 이런 일에는 최선을 다하게 마련이죠. 저를 두고 '첫 여성 임원'이라는 타이틀을 부여하는데, 중요한 것은 그런 타이틀이 아니라 제가 잘할 수 있는 일을 찾았다는 데 있어요"라고 잘라 말했다.

한국야구위원회뿐만 아니라 대한야구협회를 통틀어 여성 임원은 찾아보기 힘들다. 야구라는 스포츠의 특징 때문이기도 한데, 아직까지 여성에게 야구계는 성역의 공간이다. 김 부회장은 "아마추어 스포츠가 제대로 운영돼야 프로가 발전할 수 있습니다. 아마추어 공간은 훌륭한 선수의 세계로 가기 위한 토대를 만드는 곳이고 선수로서 자질과 인격을 갖추는 무대가 되는 곳이죠"라고 강조했다.

김 부회장에게 야구는 그저 보는 것으로 만족하는 스포츠였다. 특별하게 야구와 인연을 맺은 경험도 없었다. 김 부회장이 2013년 협회장 선거에 뛰어든 것은 '학생 체육'에 대한 자신의 관심 때문이었다. 협회장 선거에서 김 부회장은 눈에 띄는(?) 공약을 내걸었다. 자신이 사업을 하면서 작은 건물 하나를 가지고 있는데, 이를 협회 사무실로 제공하겠다는 통 큰 공약이었다. 어떻게 보면 물량 공세로 볼 수 있겠지만, 이는 협회의 자금사정과 무관치 않다. 한국야구위원회와 달리 대한야구협회는 예산이 넉넉지 않다. 자체 수입 예산은 거의 없다. 대부분 기부금이나 정부의 지원으로 꾸려간다. 자금이 넉넉할 리 없다. 지금 사무실도 한국야구위원회 사무실을 빌려 사용하는 실정이다. 이런 상황이다 보니 예산 확보를 가장 시급한 문제 중의 하나로 인식했던 것이다.

남성리그 속
생존비법은 '현장'

2013년 3월부터 부회장직을 맡았으니 1년이 넘었다. 여전히 야구계에서는 '남성들만의 리그'가 존재한다고 김 부회장은 판단한다. 톰 행크스, 지나 데이비스 주연의 영화 「그들만의 리그」는 여자 야구를 다룬 영화다. 1934년 제2차 세계대전으로 남자 야구 선수들이 전쟁터로 나간다. 경기를 진행할 수 없을 정도로 남자 선수 부족에 시달렸다. 미국 프로야구계는 사라질 위기에 처한다. 구단주들은 여성들을 모아 여자 야구단을 결성한다. '여자 야구 리그'는 처음에는 남자들의 눈요깃거리, 남자 야구를 볼 수 없는 '대체재'로 시작했다. 그러나 시간이 갈수록 그 속에 스포츠 정신은 물론 오롯이 삶의 모습이 녹아 있다는 것을 느끼게 하는 영화였다.

현실은 어떨까. 김 부회장은 여성 임원 한 명이 임명됐다고 해서 야구계가 변하는 것은 크지 않다면서 "물론 바뀌는 부분도 있겠지만 여전히 현실은 남성 중심의 그들만의 리그가 존재합니다"라고 설명했다. 김 부회장은 협회 부회장이 세 명인데 회장 대신 행사나 시상식에 순서를 정해 참석하는 등의 역할이다 보니 상징적 존재에 무게감이 실려 있다고 밝혔다. 김 부회장은 '상징적 존재'에 만족하지 못했다. "저는 성격상 이름만 올려놓는 그런 스타일이 아니거든요. 지난해만 하더라도 창단식은 물론 시상식이나 경기를 할 때 현장에 직접 다녀왔습니다"라고 말했다. 부회장이라는 직함을 명함에 파고 다니는 그렇고 그런 존재가 아니라 자신이 직접 현장을 보고 느끼고 체험하는 것을 즐기는 스타일이다. 그 속에서 무엇이 필요하고 앞으로 어떤 문제를 해결해야 하는지 가늠할 수 있기 때문이란다.

이런 활동 중 기억에 남는 것은 야구 선수를 기르는 학부모들을 대상으로 직업 상담을 한 것이다. 김 부회장은 아마추어 선수들의 가장 큰 목적은 훌륭한 선수가 되는 것이라면서 "그럼에도 불구하고 현실은 경기에 출전 한번 하지 않은 아이들이 수두룩하더라고요"라고 말했다. 김 부회장은 이런 학부모들에게 아마추어 선수를 함으로써 가질 수 있는 직업군에 대한 상담을 진행했다. 선수로 성공하는 것이 가장 좋은 방법인데, 그렇지 않을 경우 감독이나 마케팅 등 파생되는 직업군이 상당히 많다는 점을 강조하기 위한 목적이었다. "입시철이 되면 다양한 입시 설명회는 많은데 정작 야구를 하는 학생들에게는 다양한 직업정보에 대한 설명회는 거의 없습니다"라고 지적했다.

인터뷰 도중 김 부회장은 명함을 하나 건넸다. 명함에 쓰여 있는 'L&K 개발·L&K 컨테이너터미널 대표이사'라는 글씨가 선명하게 들어왔다. 개발, 컨테이너 등 강한 단어가 눈을 자극했다. 김 부회장은 "1992년에 일본으로 남편과 함께 유학을 갔어요. 일본 현지기업에서 잠깐 근무하다 국내로 들어왔는데 처음에는 집안 살림만 했습니다"라고 말했다. 남편은 물류 사업을 하고 있는데 사업이 확대되면서 자신이 2007년부터 '개발과 컨테이너' 사업을 맡게 됐다는 설명이다. 1992~1997년 일본 유학 당시 김 부회장은 아주 특별하면서도 아픈 경험을 했다. 지하철을 타고 가다 한 일본 여성이 자신을 두고 수군거리는 소리를 엿들었다. 이 일본 여성은 "저 여자, 돈 벌러 일본에 온 거야. 술집에 다니는 여자야. 한국 여자들은 모두 일본에서 술집을 하면서 돈을 버는 사람들이야" 하는 등의 이야기였다. 한국인을 비하하는 말들이 끊이지 않았다. 순간 화가 치민 김 부회장은 이 일본 여성과 심각한 말다툼을 벌였고 지하철이 멈춰서는 지경에까지 이르렀다. 김 부회장은 "아주 힘들고 지칠 때마다 당시의 기억을 떠올려요. 1990년대 초만 하더라도 일본에 비친 우리나라 사람들은 못살고 지저분한 일을 하는 그런 존재로 인식돼 있었습니다"라고 말했다.

김 부회장은 앞으로 아마추어 야구에 대해서 더 많은 경험과 공부를 할 것이라고 강조했다. 협회 부회장이기 때문만은 아니다. 이유는 간단하다. 김 부회장은 학부모의 눈, 특히 엄마의 마음으로 학생들을 바라볼 수 있다는 것이 자신이 가지고 있는 장점이라고 생각한다. 그는 "첫 여성 타이틀이라는 게 중요한 게 아니라 제가 할 수 있는 일을 찾고 그곳에 집중할 수 있는 것이 무엇보다 소중합니다"라고 강조했다. 지금 자신이 걷고 있는 이 길이 끝나면 누군가 바통을 이어받을 때 더 쉽게 일을 할 수 있는 환경을 만드는 것도 또 다른 이유다. 김 부회장은 "여전히 야구계는 여성에게 성역이나 다름없어요. 제가 임기를 끝낸 다음에, 또 그 다음에 다른 누군가 여성 회장이나 부회장으로 오면 조금씩 나아지지 않겠어요"라고 설명했다. 얼마 전 여자야구연맹 경기 때 직접 참석했는데, 이날은 공교롭게도 김 부회장의 생일이었다. 생일 케이크를 선물로 받았는데 무엇보다 기억에 남는 생일로 기억했다. 그는 "스포츠뿐만 아니라 여러 분야에서 능력과 실력보다는 여자이기 때문에 가로막히고 좌절하는 경우가 많아요. 자신의 꿈을 키우고 실현할 수 있는 실력은 있는데 사회 관습과 시스템에 막힌다면 이런 현실은 바꿔야 합니다"라고 강조했다.

김은영 대한야구협회 부회장은

▲ 1969년 부산 출생
▲ 1988년 부산대학교 사범대학 부속고등학교 졸업
▲ 1992년 경성대학교 물리학과 졸업
▲ 1994년 LANTAX 일본어학교 수료
▲ 2007년 L&K 개발·컨테이너미널 대표이사
▲ 2013년 대한야구협회 부회장

송연순

이비스 앰배서더 인사동 호텔 총지배인(상무)

여성 호텔리어들의 롤모델

여성 호텔리어들의 롤모델

"대한민국에는 고등교육을 받은 여성 인력이 많은데 제대로 실력을 발휘하지 못하고 있습니다. 저를 뽑는다면, 대한민국 여성들에게 희망의 메시지를 줄 수 있을 겁니다. 아코르 역시 능력 있는 한국 여성들을 더 많이 채용할 수 있을 테고요."

2007년 아코르 본사 총지배인 후보 양성 과정 면접장. 남성들로 구성된 면접관 앞에 한 여성이 당돌한 프레젠테이션을 했다. 그 주인공은 바로 지금의 이비스 앰배서더 인사동 호텔의 총지배인인 송연순 상무다. 긴장한 기색은 역력했지만 그는 세계적인 호텔 체인인 아코르 본사에서 '여성'이라는 거창한 이유를 들며 자신을 총지배인 후보자로 뽑아야 한다고 강조했다.

남자, 그것도 외국인 총지배인이 당연시되던 때, 자신을 뽑아 한국 여성들에게 희망을 보여달라고 하니 면접관들도 순간 당황할 수밖에 없었다. 일부 면접관은 굉장히 보수적인 한국 사회에서 여성 총지배인이 가능한 일인가 의심하며 고개를 젓기도 했다. 그래도 진심은 통했다. 아코르 본사는 총지배인 후보자에, 당돌했던 이 여성의 이름 '송연순'을 올렸다.

그로부터 2년 뒤 그는 아코르 앰배서더 그룹 최초의 여성 임원으로 발탁됐고, 2011년에는 그토록 꿈꿔오던 총지배인이 됐다. 이 호텔은 물론 한국 특급호텔계 최초의 여성 총지배인이 탄생한 것이었다. 송 상무는 1호 여성이 된 것에 대해 막상 꿈을 실현하고 보니 기쁘기보다는 부담스러운 자리였다고 회고했다. 아코르 앰배서더 호텔의 총지배인이자, 한 아이의 엄마 외에 여성 호텔리어들의 성공적인 본보기로 거듭나야 했기 때문이다. 당장 생각지도 못하던 과제가 그를 압박했다. 자신을 넘어설 여성 후배 양성이 바로 그것이었다. 현재까지 성적은 좋다. 아코르 앰배서더의 여성 총지배인 2호가 배출됐고 3호도 곧 나온다.

영어를 좋아하던 소녀,
호텔리어를 꿈꾸다

지금 송 상무가 여성 호텔리어의 롤모델 역할을 자처하고 있다면, 그를 호텔업계로 이끈 이(?)는 영어였다. 초등학교 6학년 겨울방학, 알파벳을 처음 접한 그는 영어가 마냥 좋았다. 26자의 다양한 알파벳 조합으로, 외국인과 의사소통을 할 수 있다는 점에 매력을 느꼈다. 중학교 입학 전 몇 개의 영어 문장과 단어를 익힌 그는 직접 영어를 사용하고 싶었다. 쉽지는 않았다. 길거리에 외국인 한 명만 나타나도 수군거릴 정도로 외국인을 만나는 것 자체가 힘들었다. 그래도 포기하지 않았다. 중·고등학교 시절, 영어 테이프를 들으며 밤낮으로 영어 공부를 했다. 덕분에 영어만큼은 누구에게도 뒤지지 않는다는 자신감이 있었다. 그 무렵 우연히 한 친구가 조선호텔에 가면 수많은 외국인을 만날 수 있다고 말해주었다. 그를 호텔리어의 길로 이끈 결정적인 한마디였다.

"영어를 좋아해서 막연히 영어 선생님을 꿈꿨어요. 하지만 우리나라에 온 외국인들이 호텔에 몰려 있다는 얘기를 듣는 순간, 무조건 호텔 일을 해야겠다는 생각이 들었습니다. 당시만 해도 프런트 외의 여성 인력은 찾아보기 힘들었고 전문직업이라고 보기 어려웠지만, 저는 잘할 수 있을 것이라는 자신감이 있었습니다."

그렇게 1986년, 서울 하얏트 리젠시 호텔(현 그랜드 하얏트)에 입사했다. 예상대로 여성 호텔리어의 생활은 쉽지 않았다. 프런트 데스크, 객실 예약 등 어떤 업무를 맡아도 완벽히 해내려고 최선을 다했지만 그 역시 여성 호텔리어에 대한 편견에서 벗어날 수 없었다. 서비스 최전방에 배치되면서 간혹 생트집을 잡는 손님도 만났다. 그래도 굴하지 않고 씩씩하게 일했다. 기회가 주어지지 않는다는 불만을 갖기보다는 현 위치에서 최선을 다했다. 그렇게 호텔의 기본 실무를 착실히 익혔다.

단단한 호텔업계의 유리천장을 깰 수 있었던 최우선 비결로 '기본기'에 충실하라고 조언하는 것도 이 시기 경험에서 비롯된 것이다. "기본이 단단하다면 어떤 비바람에도 꿋꿋이 견딜 수 있습니다. 중요한 기회가 주어지지 않는다고 불평하기 전에 기본 실무부터 탄탄히 쌓는다면 언젠가는 기회가 올 것이며, 그 기회를 자기 것으로 만들 수 있을 거예요"라고 설명했다.

3년 만에
찾아온 위기

프런트 데스크, 객실 서비스, 판촉 등 각종 호텔 실무를 섭렵한 뒤 서울 하얏트 리젠시 호텔 입사 3년 만에 객실예약 팀장이 됐다. "정말 열심히 일을 잘했기 때문이죠." 3년차에 객실예약 팀장을 꿰찬 비결에 대해 그는 매우 명쾌히 얘기했다.

그러고는 "그래서 위기가 온다는 것을 몰랐습니다." 뜻밖의 한마디를 던졌다. 객실예약 팀장을 하면서 잘할 수 있다는 자신감을 넘어서 더는 배울 업무가 없다는 자만심이 생겼기 때문이다. 호텔 업무가 마치 쳇바퀴를 도는 다람쥐 같은 느낌도 들었다. 지금 생각해보면 쉴 새 없이 달려온 직장인의 전형적인 권태기였지만, 당시 그에게 조언해줄 멘토는 없었다.

그가 선택한 것은 '새로운 공부'였다. 호텔리어가 아닌 새로운 직업을 갖겠다며 돌연 사표를 내고 일본으로 떠났다. 막연히 영어권인 하얏트 호텔에서 일했으니 이제 일어권 지역에서 건축설계를 배워 좀 더 전문적인 건축업을 해야겠다는 생각이 들었다. 건축설계사인 남편의 도움을 받아 일본 중앙공대 건축학과에 입학했지만 난생 처음 접하는 이과 공부는 힘들었다. 결국 1학기를 다니고 그만뒀다. 권태기에 잠깐 한눈을 판 사이, 호텔리어 송연순은 점점 잊혀갔다.

"철이 없었어요. 호텔리어도 충분히 평생직장의 전문직이 될 수 있는데 그때는 몰랐던 거죠. 권태기를 겪는 후배들에게 이직보다는 직무전환을 통해 업무에 변화를 주든가, 5년 후, 10년 후 모습을 진지하게 상상하고 나서 결정하라고 얘기해주는 것도 이 시기의 경험에서 비롯된 것입니다."

송 상무는 일본 무역회사와 MGM호텔에서 통역을 하며 호텔리어를 다시 꿈꾸기 시작했다. 권태기 때 방황을 한 탓에 쉽진 않았지만 포기하지 않았다. 우여곡절 끝에 1993년 노보텔 앰배서더 강남 호텔 개관 멤버로 합류하면시 호텔리어로 재출발할 수 있었다. 아코르 앰배서더 호텔 그룹과의 인연도 그렇게 시작됐다. 제2의 호텔리어로서 결정적인 터닝 포인트가 된 것은 2002년 노보텔 앰배서더 강남에서 레비뉴 매니저(객실 매출 관리담당)를 맡으면서다. 레비뉴 매니저는 호텔 총지배인을 보좌하면서 적절한 가격 정책을 탄력적으로 운영해 호텔 매출의 극대화를 주도해야 하는 중요한 자리다. 어깨가 딱딱하게 굳어 움직이지 않을 정도로 업무 스트레스가 높았다.

그래도 열정만큼은 확실히 보상받았다. 3여 년간 성공적으로 업무를 수행한 그는 2005년 객실영업의 실질적인 책임자인 판촉부장으로 승진했다. 최초라는 타이틀이 붙기 시작한 것도 이때부터였다.

일, 가정 중 선택하라면?…
"행복이 기준이 돼야"

지독한 일 중독자이지만 송 상무도 일과 가정 사이에 적잖은 고민을 했다. 아이가 태어난 이후 순식간에 불어난 집안일과 육아가 겹치면서 전쟁 같은 나날을 보내야 했다. 아이가 낯을 가리기 시작한 무렵에는 집을 나서는 게 쉽지 않아 사직을 고민하기도 했다. 일하는 엄마라고 죄책감을 가질 필요는 없다, 아이의 자립심을 키워라, 짧은 시간이라도 충분히 사랑해줘라, 등등의 직장맘을 위한 육아 비법이 있지만 실제로 출근길에 아이가 울기 시작하면 원칙대로 수행하기가 쉽지 않다.

송 상무는 "무엇보다도 자신이 행복하다고 느끼는 걸 해야 해요. 직장맘도 전업맘도 부러워할 필요는 없습니다. 내가 10년 후, 20년 후에도 행복해 할 쪽을 선택한다면 다른 한쪽은 일정 부분 포기해야 합니다"라고 조언했다. 특히 직장맘을 선택했다면 일과 가정도 완벽한 슈퍼맘을 꿈꾸기보다는 주변에 적극적으로 도움을 요청하며 병행하는 것이 낫다고 강조했다.

"총지배인이 되면서 첫 번째 겪은 난관은 일과 가정의 양립이었죠. 고등학생 아들 뒷바라지와 함께 호텔을 책임져야 했으니 말이죠. 고민 끝에 호텔 일에 좀 더 치중하기로 하고 가족들에게 SOS를 쳤습니다. 나 혼자 부산에 내려와 있어서 남편이 요리나 집안일도 잘하는 편이에요. 아들 역시 일하는 엄마 밑에서 자라서인지 자립심이 강하고. 작년 고3 때는 담임 선생님 도움도 받았습니다. 직장맘이 완벽하기는 힘들어요. 저는 주변의 도움 덕분에 행복하게 일을 하고 있습니다."

행복한 직장맘을 자처하는 그의 요즘 꿈은 이비스 앰배서더 인사동 호텔을 민간 외교사절기구로 키우는 것이다. 호텔 옥상에 정자와 정원을 마련해 한국 문화를 느낄 수 있게 한 것도 그래서다. 전통시장 체험이나 한옥마을 체험 등 전통문화를 직접 체험하고 느낄 수 있는 프로그램도 다양하게 운영하고 있다.

"호텔 앞쪽에 110채 정도의 한옥이 있어요. 이곳은 특히 1930년대 지어진 우리나라 최초의 분양 한옥이라 희소성도 높은 곳입니다. 인사동=이비스 호텔이라는 얘기가 나올 수 있도록 이비스를 한국의 문화를 알리는 문화호텔로 성장시키는 게 목표입니다."

호텔리어를 꿈꾸는 이들을 위한 조언도 잊지 않았다. "호텔리어는 드라마에서 본 것처럼 화려한 직업이 아닙니다. 서비스를 파는 사람인 만큼 배려심이 필요합니다. 항상 고객 입장에서 생각해봐야 합니다. 외국여행 갔을 때 호텔에서 어떻게 해줬으면 좋았을지 거꾸로 생각하고 임한다면 훌륭한 호텔리어가 될 수 있습니다."

송연순 이비스 앰버서더 인사동 호텔 상무는

- ▲ 1961년 전주 출생
- ▲ 1986년 경희대학교 관광레저경영학과 졸업
- ▲ 1986년 하얏트 리젠시 서울 입사
- ▲ 1989년 하얏트 리젠시 서울 객실예약팀장
- ▲ 2002년 노보텔 앰배서더 강남에서 레비뉴 매니저
- ▲ 2005년 노보텔 앰배서더 강남 판촉부장
- ▲ 2009년 앰배서더그룹 최초 여성 임원으로 승진, 노보텔 앰배서더 독산 부총지배인
- ▲ 2011년 노보텔 앰배서더 부산 총지배인, 1호 여성 총지배인
- ▲ 2012년 이비스 앰배서더 강남 총지배인
- ▲ 2013년 이비스 앰배서더 인사동 총지배인

송혜자

우암코퍼레이션 대표

교사 → 직장인 → 벤처 창업… 엄마는 용감했다

교사 → 직장인 → 벤처 창업 … 엄마는 용감했다

"회사가 망할까, 돈이 없을까 두렵다고요? 걱정하지 마세요. 여러분이 걱정하는 것 중에서 실제로 일어나는 일은 그 가능성이 1%에 불과합니다. 두려워하지 말고 도전하세요."

송혜자 우암코퍼레이션 대표에게 '도전'이라는 단어에는 '용기'라는 단서가 붙는다. 불확실한 미래에 대한 막연한 두려움, 실패에 대한 본능적 거부감, 또는 걱정을 위한 걱정을 뛰어넘고 털어내는 것이야말로 도전의 첫걸음이라는 것이다. 용기 있는 도전이야말로 성공을 향한 큰 걸음이라는 철학이다.

도전
또 도전

송 대표의 일생은 도전의 연속이었다. 안정된 직장인 고등학교 교사직을 팽개치고 금남의 영역이던 엔지니어링 분야의 기업에 취업했으며, 다시 3년 만에 회사를 나와 창업에 도전했다. 수중에는 직장생활로 모은 돈 2000만 원이 전부였다.

IT·솔루션 기업인 우암코퍼레이션을 설립한 후에도 도전은 계속돼 유럽연합(EU)의 미래 에너지 사업인 '유레카(EUREKA) 클러스터' 사업에 국내 기업으로는 최초로 승인을 받았다. 국내 IT 기업으로서는 처음으로 에티오피아에 진출, 지난해 에티오피아 전력청이 발주한 600만 달러 규모의 계약을 따내기도 했다. 송 대표는 그가 처음 창업하던 20년 전에 비해 현재는 도전하기 좋은 환경이라고 평가한다.

"요즘 창업 환경이 20년 전에 비해서 훨씬 나아졌고, 지금 여성들도 그때보다 경쟁력이 높고 능력 있는 인재들이죠. 그런데 너무 안정을 추구한 나머지 도전을 잘 하지 못하고 있어요."

인생을 소극적으로 평가하는 것 아니냐는 지적이다. 예컨대 인생을 결정하는 것은 공부 실력이나 영어 점수가 아닌 '생각'이라는 믿음이다. 자기 꿈과 비전 추구가 덜한 것이 요즘 젊은 여성들의 문제라는 야박한 평가도 그래서 나온다. 그는 "물론 여성들 스스로도 고민을 많이 하고 있겠지만"이라는 단서를 달면서도 "자기 인생은 자기 생각하는 대로 흘러가게 마련"이라는 답을 내놨다. 도전을 못하는 것은 도전적인 생각을 안 하기 때문이라는 결론이다. 도전이 실패하더라도 실패로 인한 경험 역시 소중하다는 것도 그의 지론이다.

"저도 20대 후반에 창업했지만 도전해서 이룬 성과는 그 무엇과도 바꿀 수 없는 자산이 됐어요. 도전이 실패가 된다 하더라도 경험하는 것이 경험하지 않은 것보다, 실패하는 것이 실패하지 않는 것보다 얻어가는 것이 많으니까요."

그가 끊임없이 도전하는 이유는 더 많은 것을 배우고 싶어서였다.

안정된 교사직을 뒤로하고 중소기업에 이력서를 낸 것도 '배워야 할 나이에 누군가를 가르치는 것이 적성에 맞지 않아서'였다. 송 대표는 젊다는 이유 하나만으로 도전을 했고, 새로운 도전을 통해 비록 실패를 하더라도 그 실패가 자신에게 귀중한 자산이 될 것이라고 생각했던 것이다.

그의 사실상 첫 직장이었던 두원냉기는 여성이라는 이유만으로 그를 두 번씩이나 내쳤다. 송 대표 말마따나 '여자 이력서는 곧바로 쓰레기통으로 직행하던 시대'였다. 세 번째 이력서를 내고 나서야 겨우 전화가 걸려왔다. 취직한 후에도 일은 결코 쉽지 않았다. 일을 제대로 가르쳐주기는커녕 껌 떼기 같은 허드렛일만 시켰다. 송 대표는 이를 악물고 버텨냈다고 한다. 미워서라기보다는 '이런 것도 못하면 회사를 그만둬라' 하는 일종의 시험임을 잘 알고 있었기 때문이다.

"여성 직원은 경리로 취직하는 것이 당연한 회사에서 여자가 전문직인 엔지니어를 하겠다고 했으니, 테스트를 해본 것이겠죠. 그러한 테스트에 통과하니 보는 시선부터 달라졌어요."

여성 기업인으로
살아가기

언제나 도전하며 살아가는 송 대표였지만 여성 CEO로서 살아가는 것은 결코 쉽지 않았다. 유난히 영업의 비중이 높은 IT 업계에서 개념 없는 갑(甲)을 만나는 일도 비일비재했다. 송 대표는 고객이 접대를 원할 경우 과감히 거래를 끊어버리고, 기술과 실력을 알아주는 갑에 한해서만 거래하고 있다. 그래서 구글의 모토가 '사악해지지 말자'라면, 우암코퍼레이션의 모토는 '비굴해지지 말자'다. 그러기 위해 기술개발(R&D) 투자도 늘리고, 기업시장(B2B)뿐만 아니라 소비자시장(B2C)도 참여하고 있다. 해외시장 개척에 적극적으로 나서고 있는 것도 그런 맥락에서다.

우암코퍼레이션은 전력수요 예측과 스마트그리드 등의 IT 솔루션을 주력으로 삼는 회사다. 이미 전력이 대부분 보급된 국내 시장에서는 할 일이 없다고 판단, 그는 아프리카를 새로운 시장으로 지목하고 몇 년 동안의 준비를 거쳐 에티오피아에 진출했다.

"한국에는 필요 없는 기술이지만 에티오피아처럼 전력 인프라가 갖춰지지 않은 곳에서는 SOC(사회간접자본)를 갖추는 데 필요할 수 있다고 생각했어요. 아프리카에서 두 번째로 큰 에티오피아를 선정한 것도 동아프리카 시장을 공략하는 거점으로 삼기 위해서입니다."

그는 여성 벤처업계에서 멋쟁이로 잘 알려져 있다. 한 시인이 그를 보고 목련꽃을 닮았다며 시집에 썼을 정도다. 송 대표는 이런 자신의 여성성을 사업에서도 십분 활용한다.

"해외 출장이 있으면 한복을 챙겨 가요. 저녁 때 관계자와 '코리아의 밤' 행사를 진행할 때 한복을 입고 가면 모두의 주목을 받을 수 있으니까요. 단순히 외모를 꾸미는 것이 아니라, 그 장소와 상황에 잘 맞으면서 짧은 시간에 나를 어필할 수 있게 외모를 단장하는 게 중요해요."

송 대표는 중국 바이어를 만날 때는 중국인들이 좋아하는 빨간 색으로 물들인 원피스를, 미얀마 바이어를 만날 때는 금색 원피스를 입고 간다. 그는 젊은 여성들에게 "자신을 표현하는 데 인색해선 안 됩니다"라고 충고한다. 외형을 꾸미는 데만 몰두하지 말고, 자신감 있게 스스로를 표현하라는 것이다.

"옷을 예쁘게 입고 화장은 화려하게 했으면서도 자기 자신에 대해 굉장히 자신감이 없는 여성들이 많습니다. 스스로에 대한 애정과 당당함이 배어나오는 태도를 갖추는 것이 값비싼 옷과 화장으로 치장하는 것보다 더 중요합니다."

엄마로, 또 CEO로 살아가기

그의 사무실, 한쪽에 자리한 작은 책상에는 색색으로 예쁘게 꾸민 액자들이 빼곡히 놓여 있다. 현재 초등학교 6학년인 외동딸과 찍은 사진 액자가 맨 앞자리를 차지하고 있다. 엄마로서, CEO로서 육아에 대한 고민은 없었을까. 그 역시 힘든 점이 많았다고 털어놨다.

"출산 전날까지 계속 회사에 나왔을 정도로 일에 대한 열정이 뜨거웠지만, 우는 아이를 놔두고 출근할 때마다 가슴이 아프고 애잔했어요. 이런 엄마들을 위해서라도 여성들이 마음 놓고 일할 수 있는 시스템을 국가가 마련해줘야 합니다."

한국의 실리콘밸리라고 불리는 판교에 위치한 우암코퍼레이션 본사는 여성 직원의 비중이 10%에 달한다. 남성과 여성 구분 없이 능력이 있으면 채용했기 때문에 주변의 동종업체에 비해서 여성 비중이 높은 편이다. 하지만 송 대표는 회사 자체적으로 어린이집을 마련하기에는 여직원의 수가 적어 역부족이었다며 아쉬움을 내비쳤다.

"판교 내에 여직원 수가 적어 자체 어린이집을 마련하지 못한 회사가 많은데, 그런 회사들을 위해 공공지원 센터를 만들어서 보조해주면 어떨까요. 여성 근로자들이 아이를 맡겨놓고 일하러 나갈 수 있도록 청결하고 안전하며 좋은 시설들이 만들어졌으면 합니다."

그는 현재 대부분의 어머니들이 의존하는 육아도우미(베이비시터) 시장에도 변화가 일어나야 한다고 일침을 놓았다. 육아도우미를 쓰는 가격이 너무 비싸다 보니, 많은 여성들이 둘째 아이를 낳으면 회사에 다니기보다는 집안에 눌러앉아 경력단절이 심화된다는 것이다.

"저만 해도 연봉의 상당 부분을 육아도우미 월급으로 지출했어요. 그런데 그들(육아도우미)이 돈을 받고 세금도 안 내는 건 불공평하다고 생각합니다."

정부가 육아도우미에게 내는 돈을 세액 공제를 해주고, 육아도우미 시장을 개방해 소수가 가격을 올리는 것을 막는다면 좀 더 출산율이 올라갈 것이라는 얘기다. 무엇보다 아이에게 미안해 하기보다 일하는 어머니를 자랑스럽게 인식하도록 교육해야 한다는 지론도 잊지 않았다.

"아이와 함께 해주지 못한다고 부채감을 갖기보다는 어릴 때부터 일하는 엄마의 존재를 자연스럽게 받아들이도록 계속 가르쳐주세요."

그는 "나중에 철이 들면 아이가 엄마를 자랑스럽게 생각하고, 스스로 자존감과 독립심도 생기게 될 것"이라며 환한 미소를 지었다.

송 대표는 이제 늦깎이 대학원생으로 새로운 도전을 시작한다. 스마트그리드 부문에서 더욱 전문성을 갖추기 위해서다. 약 20년간 기업을 키워왔으니 다음 20년을 준비하고 싶다는 송 대표의 얼굴은 새로운 도전에 대한 기대감으로 빛났다.

"그동안 기업을 20년간 운영했잖아요. 앞으로 20년을 더 운영하고 싶어요. 최근에는 공부를 다시 시작했습니다. 스마트그리드 쪽으로요. 석박사 통합 과정을 밟고 있는데, 논문 쓰는 게 기업 운영하는 것만큼이나 힘드네요. 그래도 어쩌겠어요? 계속 쓰고, 또 써야죠."

송혜자 우암코퍼레이션 대표는

- ▲ 1993년 우암닷컴(현 우암코퍼레이션) 창립
- ▲ 2000년 모범 여성경제인 대통령상 수상
- ▲ 2005~2007년 여성벤처협회 회장
- ▲ 2009~2011년 녹색성장위원회 위원
- ▲ 2011~2013년 KOTRA 사외이사
- ▲ 2013년 녹색성장정책 유공자 국민포장 수상
- ▲ 2014년 숭실대학교 IT정책융합대학원 박사과정
- ▲ 2014년 대한민국 세계여성발명대회 금상 수상
- ▲ 2014년 에티오피아 민간대사

전경화

라파즈한라시멘트 상무

일 잘하는 방법은 끊임없는 공부

일 잘하는 방법은 끊임없는 공부

고등학교 졸업 후 굴지의 국내 대기업에 들어간 그는 돌연 회사를 그만두고 퇴직금을 챙겨 프랑스어 공부를 시작했다. 천주교 가정에서 자라면서 키워온 아프리카 선교의 꿈을 이루기 위해서였다. 아프리카 선교를 하려면 프랑스어 공부가 필수였다. 하지만 인생은 반전의 연속이었다. 프랑스어 공부를 계기로 프랑스 화학회사와 인연을 맺었다. 화학회사에서 10년간 몸담은 뒤에는 또다시 전공과 전혀 관련이 없는 시멘트 회사로 자리를 옮겼다. 그리고 5년 후 국내 시멘트 업계 최초로 여성 임원에 올랐다. 라파즈한라시멘트의 전경화 상무는 에너지가 넘쳤다. 대표적인 굴뚝산업인 시멘트 업계에서, 그것도 남성의 전유물로 여겨지던 영업 분야 최고책임자에 오르기까지 숱한 역경을 이겨낸 열정이 전해졌다. 자그마한 체구의 전 상무가 남성 일색의 시멘트 업계에서 승승장구한 비결이었다.

리스크 테이킹과
끊임없는 자기계발

"리스크 테이킹(위험부담이 큰 일)해야 합니다. 남들이 피하는 어려운 일을 맡아 해당 업무에 대해 계속 공부했어요." 결국 전 상무는 성과를 만들어냈다. 여성 리더십으로 흔히 말하는 '직장 내 적을 만들지 않을' 원만한 성격이나 남자 직원들을 '안드로메다'로 보낼 강한 주량은 부수적이었다. 역시나 핵심은 실력인 것이다.

전 상무는 새로운 업무에 도전할 때마다 모르는 부분을 끊임없이 공부했다. 그는 "일 잘하는 방법 중의 하나가 공부"라고 강조했다. 프랑스 유학을 마친 뒤 프랑스계 화학회사 로디아코리아에 입사했다. 새로 맡은 인수합병(M&A) 프로젝트 때문에 경영대학원에 진학했다. M&A 지식이 전혀 없던 전 상무가 인수 기업의 가치를 평가하기 위해서는 공부 말고는 길이 없었다. 그는 M&A 관련 업무를 배우겠다고 하니 회사에서 학자금도 지원해줬다면서 "4년 이상 근무하기 전에 퇴사하면 학자금을 반환한다는 조건으로 대학원에 진학하게 됐습니다"라고 설명했다.

프랑스어를 전공한 탓에 화학 분야에 지식이 없던 전 상무는 화학 관련 공부도 게을리하지 않았다. 첫 직장인 삼성물산 재직 시절에는 일본어를 공부했다. 물류업무에 대한 교재가 대부분 일본어인 탓에 책 한 권을 번역할 정도의 실력을 갖출 때까지 일본어에 매진했다. 영업일을 처음 맡을 때에도 관련 분야에 대한 지식부터 쌓았다.

라파즈한라에 입사한 후에는 시멘트 제조과정부터 공부했다. 전 상무는 영업을 하려 해도 기본적인 업계 지식을 알지 못하면 전문성을 갖기 어렵다면서 "워낙 새로운 일을 많이 맡아서 그 일을 완수하기 위한 돌파구로 공부를 선택했던 것 같아요"라고 회고했다.

전 상무의 경력은 한마디로 변화무쌍하다. 사무직으로 입사해 영업 분야로 전환했고, 물류회사와 화학회사를 거쳐 시멘트 회사까지 접수했다. "남들이 도저히 못하겠다는 업무를 자진해서 맡았어요. 새로운 일에 도전하는 것을 좋아했고, 주어진 일을 잘 해내기 위해 열심히 공부한 결과 자연스럽게 차별화된 것 같아요."

첫 도전은 영업직 전환이었다. 4년간 3명의 책임자가 바뀐 험난한 자리였다. 아무도 맡으려고 하지 않을 때 전 상무는 자진해서 손을 들었다. 라파즈한라시멘트로 이직할 때도 마찬가지였다. 라파즈한라에 자원재활용생산본부가 처음 만들어졌지만 지원자가 없자 외부에서 적임자를 찾던 중 전 상무가 지목됐다. "제가 돋보이는 일을 선택해 열심히 했어요. 주변의 반대가 있을 수 있지만 여성들도 기회를 잡기 위해 리스크 테이킹을 할 필요가 있지요."

피할 수 없으면 즐겨라

하지만 남성 중심의 조직에서 소수인 여성이 겪는 서러움도 많았다. 전 상무가 직장생활을 시작한 1990년대 초반에는 동료 직원의 타이핑을 여직원이 도맡았다. 그 덕분에 현재 전 상무는 비슷한 경력의 남성들보다 문서 작업이 탁월하다. 메모보다 타이핑이 더 빠를 정도다. 권 상무는 "제가 타이핑을 잘하게 된 것은 당시 같은 사무실에서 근무하던 대리님들과 과장님들 덕분이죠. 여자라서 차별받았던 일이 오히려 무기가 됐어요"라고 역설했다.

커피 심부름은 나름의 노하우를 만들어 피해갔다. 전 상무는 여자라서 커피를 타야 하는 상황이 싫어서 회의실에 미리 커피를 가져다 놨다. 커피를 요구할 경우 스스로 물을 붓고 타서 먹도록 한 것이다. "커피를 타면서 자존감이 상하거나 커피 심부름을 거절해 까칠한 직원으로 낙인이 찍히면 서로가 일하기 어려워지잖아요. 제가 커피를 타는 상황을 만들지 않기 위해 미리 선수를 친 것이죠."

영업도 마찬가지다. 전 상무는 영업직에서 필수인 술자리는 피할 수 없지만, 술을 덜 먹는 분위기를 조성하면서 좋은 관계를 유지하는 방법을 찾았다. 업무로 만나는 사람에 대해서는 편견을 갖지 않으려고 노력했다. 그는 "사전 정보가 있어도 미팅 직전 모두 잊으려고 노력해요. 편견 없이 사람을 대하다 보면 진심이 느껴지는 것 같아요"라고 말했다.

여성 직장인, 직설화법으로 말하라

여성 직장인들이 기회를 잡기 위해서는 남성어(語)를 구사할 줄 알아야 한다는 것이 전 상무의 지적이다. 여성들의 경우 원하는 직위나

업무가 있을 때 우회적으로 요구하는 사례가 많은데, 직장에서는 직설적으로 요구사항을 전달해야 한다는 것이다. 직장 내 결정권자가 대부분 남성인 만큼 우회적인 표현만으로는 정확하게 자신의 의사를 전달하기 어렵다는 이유에서다.

"프랑스 본사의 자리가 났다고 가정할 때 여직원은 직접 지원하지 않고, 자신의 프랑스어 실력이나 프랑스에 대한 관심을 전달하지요. 인사팀장이 여성일 경우 적임자라고 여길 수 있지만, 남성들은 직접적으로 말해야 알아요. 남성어를 구사하려고 노력하는 것도 매우 중요합니다."

전 상무는 직장생활을 하면서 경영대학원 석사 과정을 마쳤다. 회사에서는 당시 업무에 필요한 공부였던 만큼 한 시간 이른 퇴근을 보장해주었을뿐더러 학자금까지 지원해주었다. 비결은 그가 회사에 직접 요구한 것이다. 업무에 반드시 필요한 만큼 회사의 지원이 필요하다는 논리로 설득시켰다. 그는 "당시 회사에 말하지 않고 대학원에 다녔더라면 졸업하지 못했을 것"이라고 말했다. 수업 시간에 맞추기 위해 발을 동동 구르며 스트레스를 받는 것은 물론, 그 스트레스를 회사에서 풀다 보면 대인관계도 나빠졌을 것이라는 이야기다.

그는 "부하직원이 프로젝트를 성공시키기 위해 필요한 공부를 말리는 상사는 없을 거예요. 남성과 여성의 커뮤니케이션 방법이 다른 만큼 원하는 것을 직접 요구하는 것이 좋습니다"라고 조언했다.

골드미스,
결혼에 초조하지 말아야

전경화 상무는 마흔을 넘겨 결혼했다. 끊임없이 새로운 일에 도전하고, 그 업무를 성공시키기 위해 고군분투하면서 결혼이 늦어졌다. 그는 "결혼을 늦게 해 좋은 점도 있어요. 나이를 먹은 만큼 여유가 생겨 부부싸움을 덜 하게 되고, 딸아이 양육도 조금 더 너그러운 편이에요"라고 말했다. 초등학생인 딸에게는 공부하라고 윽박지르기보다는 공부의 필요성을 조근조근 설명하는 편이다.

전 상무는 "일찍 결혼했다면 저도 여느 엄마들처럼 딸아이의 교육에 집착했을 겁니다. 하지만 늦게 얻은 딸에게 공부만 하라고 닦달하고 싶지는 않아요"라고 말했다. 회사에서 입지를 구축한 뒤 결혼하면서 출산휴가도 순조롭게 다녀왔다. "여성들이 출산을 하면 회사 눈치를 보게 되지만, 업무 성과를 어느 정도 거둔 후에는 출산으로 경력이 단절되지 않지요. 저는 가끔 이메일로 일을 처리하면서 업무를 유지했어요."

결혼을 하면 좋은 점이 더 많다는 것이 전 상무의 경험담이다. 그는 "남편과 이야기하면서 남성 직원들을 이해할 수 있어 업무적으로 많은 도움을 받습니다"라고 조언했다.

골드미스들도 결혼을 위해 남편감을 찾는 레이더를 항상 켜둬야 한단다. 대부분의 골드미스가 결혼 이야기만 나오면 화제를 돌리는데, 솔직하게 "저는 아직 싱글입니다. 좋은 사람 소개시켜주세요"라고 말하는 적극성이 필요하다는 조언이다. 부탁을 들은 상대방이 적당한 남편감을 찾았을 때 곧바로 소개시켜줄 수 있다는 것이다. 전 상무의 경우 거래처 부장의 주선으로 현재 남편을 만났다.

전 상무는 여성 직장인들은 슈퍼우먼이 될 수 없다고 강조했다. "일과 집안일을 모두 완벽하게 하거나, 모든 사람한테 좋은 사람이 되려는 생각을 버려야 해요. 모든 일을 잘하려고 하면 쉽게 지쳐 일을 그만두게 되니까요."

 **전경화 라파즈한라시멘트 상무는**

▲ 1962년 충청남도 논산 출생
▲ 1981년 서울여자상업고등학교 졸업
▲ 1981년 삼성물산 입사
▲ 1987년 한국외국어대학교 불문과 졸업
▲ 1993년 프랑스 사부아(Savoie) 대학교 프랑스어 석사
▲ 1996년 로디아코리아 입사
▲ 2003년 고려대학교 경영대학원(MBA) 석사
▲ 2005년 라파즈한라시멘트 입사
▲ 2010년 라파즈한라 영업본부 중앙지사장 승진(업계 최초 여성 임원)

최정화

한국이미지커뮤니케이션(CICI) 이사장

전문가는 남녀차별 못한다

전문가는 남녀차별 못한다

한국인 최초 국제회의 통역사(1981년), 아시아인 최초 통역번역학 박사학위 소지자(1986년), 한국인 최초 프랑스 교육훈장 기사상(1992년), 아시아인 최초 다니카 셀레스코비치상 수상(2000년), 한국 여성 최초 프랑스 레종 드뇌르 훈장 수상(2003년)….

최정화 한국이미지커뮤니케이션(CICI) 이사장의 이력은 화려하다. 웬만한 사람은 한 개도 보유하기 어려운 최초 타이틀을 다섯 개나 보유했다. 통·번역가를 꿈꾸는 학생들에게는 살아 있는 롤 모델이자, 이 시대 쉽게 찾아보기 어려운 문화 분야의 프런티어다. 게다가 더 놀라운 것은 그가 20대에 처음으로 외국으로 건너간, 이른바 토종 출신이라는 것이다.

약점을
강점으로 바꾸다

"기본 3개 언어를 읊는 외국 학생들과 어떻게 경쟁했냐구요? 화투 치는 방법을 가르쳐주고, 불고기 구워주면서 마음을 얻었죠."

최 이사장은 어떻게 외국인들 틈바구니에서 살아남았는지 묻는 사람들에게 웃으며 이렇게 말하곤 한다. 그는 낙천적이고 긍정적인 성격, 이야기하는 것을 좋아하는 성격이 외국 생활에도 주눅 들지 않게 해줬고, 지금의 자신을 만들어준 원동력이라며 "언제나 어떻게 하면 사람들이 나를 재미있는 사람으로 여겨줄지, 어떻게 하면 다른 사람들에게 필요한 사람이 될 수 있을지를 곰곰이 생각했죠"라고 말했다. 단순히 잘하는 사람보다는 다른 이들에게 필요한 사람이 장기적으로는 경쟁력을 가진다는 것이 그의 신념이자 확신이었다.

그는 대학을 졸업하자마자 프랑스로 유학을 떠나 10년간 그곳에서 보냈다. 대학에서 프랑스어를 전공하면서 프랑스라는 나라에 푹 빠졌다. 영화에 나오는 바게트도 먹어보고 싶고, 거리도 걸어보고 싶었기 때문이다. 낭만적이면서도 '하고 싶은 일'을 하기 위해 물불을 가리지 않는 강인함이 드러나는 대목이다.

하지만 예상대로 당시의 삶은 낭만적이기보다는 고달팠다. 3개 언어를 자유롭게 쓰는 외국 학생들과 어깨를 나란히 하고 경쟁하기는 힘들었다. 최 이사장은 영국인 어머니와 이탈리아인 아버지를 두고 프랑스에서 생활한, 당연히 3개 국어를 구사하는 학생들과 경쟁하려니 실력에서 밀리기 일쑤였다면서 졸업을 위해 하루 15~16시간씩 공부했다고 회고했다.

열심히 하는 것만으로도 버거웠다. 잘하는 친구들과 함께 공부하기 위해서는 플러스 알파가 필요했다. 최 이사장의 낙천성이 빛을 발한 부분이 바로 여기다. 그는 "내가 화투를 가르쳐주니 같은 반 학생들이 화투 좀 같이 치자며 내 방을 찾아왔어요. 한 번 화투를 쳐주는 대신 2시간씩 같이 공부하며 언어 실력을 늘렸죠"라고 말했다. 불고기, 잡채 등 한국 음식도 인기가 높았다. 최 이사장은 항상 그들이 자신을 원하도록, 재미있고 어디에나 필요한 사람이 되도록 노력했다고 회고했다.

'아버지가 불러서 갔더니 채널을 바꾸라고 하더라' 하는, 그 나잇대 한국 여성들에게는 흔한 경험도 최 이사장의 입에서 나오면 배꼽 잡는 우화로 변모했다. 보수적인 한국 사회의 모습이 바다 건너 푸른 눈의 대학생들에게는 호기심의 대상이 될 수 있었던 것이다. 최 이사장은 "사람들은 자신이 모르는 미지의 문화에 대해서 호기심을 갖고 있어요. 그런 부분을 캐치해서 이야기해주면 상당히 재밌어 하고 놀라워했죠"라고 설명했다.

최초 타이틀을 따게 해준 힘은 도전정신

그는 스스로를 '운이 좋은 사람'이라고 부른다. 한국인 최초로 1981년 국제회의 통역사가 되었다. 때마침 치러진 한·불 정상회담 덕에 할 일이 생긴 것이다. 그 이후 전두환·노태우·김영삼·김대중 등 역대 대통령의 정상회담을 10여 회 이상 통역했다. 국제회의 통역은 2000회 가까이 총괄했다. 쉴 새 없이 일했다. 아시아인 최초로 '통·번역계 노벨상'이라고 불리는 다니카 셀레스코비치상도 수상했다.

대부분의 여성 리더들이 남성들이 독점하던 분야에서 독하게 살아남아 여성 최초 타이틀을 달게 된 것과 비교하면 최 이사장의 이력은 독특하다. 남성들조차 주목하지 않은 전인미답의 경지를 개척한 것이다. 그렇기에 그는 '여자라서 힘든 점'은 특별히 없었다라고 당당하게 말한다.

그가 꼽는 또 다른 성공비결은 '도전정신'이다. 최 이사장은 "뭔가를 한번 하고 싶다고 생각하면, 어느새 그것을 실행에 옮기고 있는 저를 발견하곤 합니다. 마음먹고 실행에 옮기기까지 걸리는 시간이 유독 짧아요"라고 자평했다. 22세의 나이로 대학을 졸업하자마자 프랑스어가 배우고 싶다는 이유 하나만으로 유학을 결정한 것도 도전정신이 없었다면 불가능했다. 최 이사장의 아버지는 그의 꿈을 응원해줬다. 지인들이 "퇴폐적인 나라(프랑스)에 시집도 안 간 딸을 보내선 안된다" 하면서 극구 말릴 때도, 그의 아버지는 "사람은 자기가 하고 싶은 일을 해야 한다"라며 격려했다.

그가 후배 여성들에게 가장 많이 조언하는 것도 "하고 싶은 일을 하라"는 것이다. 그는 말한다. "제자들을 보면, 남이 하는 것을 보고 재밌다 싶어서 하는 사람들은 결국 정체를 겪지만 자기가 좋아하는 일을 하는 사람은 어떤 역경이 있어도 이겨내곤 해요. 결혼도 남이 보기에 좋은 사람이 아닌, 나를 좋아하고 내가 좋아하는 사람과 해야 하듯이 일도 마찬가지죠"라고 조언했다.

여성이 독립적으로 살아가기 위해서는 전문성도 갖춰야 한다. 그는 많은 여성들이 남성에 비해 낮은 임금, 사회적 지위로 고민하고 있지만 전문직으로 나서면 이 같은 차별은 훨씬 덜하다고 강조한다. "전문직이 아니어도 남들이 할 수 없는 일, 나밖에 할 수 없는 일을 꼭 찾아내야 합니다." 제2의 최 이사장을 꿈꾸는 여성들에게는 언어능력만으로는 좋은 통역을 할 수 없으며, 다른 이들보다 소통을 훨씬 잘할 수 있도록 전문 분야의 지식을 더해야 한다고 충고했다.

다시 최초에 도전하다

교수로서 안정적인 길을 걷던 최 이사장은 몇 년 전부터 새로운 분야에 도전 중이다. '한류 전도사'로 나선 것이다. 케이팝과 한국 드라마가 인기를 얻으면서 여기저기에서 한류 전도사를 자처하고 있지만, 그와 CICI가 추구하는 한류의 방향성은 조금 다르다. 최 이사장은 "사람들이 한류 하면 대중문화를 떠올리지만, CICI는 서예나 풍수지리 등 한국의 고유한 문화를 외국의 오피니언 리더들에게 알리는 역할을 하고 있어요. 외국 기업 CEO나 문화계 리더들이 한국을 체험하고 알게 되는 자리를 통해 세계 속에 한국의 긍정적인 이미지를 심어주자는 것이죠"라고 설명했다.

외국인들은 한국의 대중문화가 아닌 '한국 그 자체'에 관심이 크다는 것이 그의 판단이다. 다만 이를 각국의 언어로 통역해 한국문화의 정수를 알려주는 자리가 부족해 많은 이들이 그 호기심을 충족하지 못하고 있다고 아쉬워했다. 최 이사장에게는 불고기와 잡채, 화투만으로도 프랑스 학생들의 마음을 녹인 경험이 있지 않던가. 그는 한국문화가 아무리 좋아도 외국인들이 경험하고, 체험할 수 없다면 느낄 수 없다면서 언제나 새로운 정보를 주는 것도 중요하지만, 상대의 언어로 소통하려는 태도를 갖춰야 한다고 조언했다.

최 이사장은 한국 주재 외국인들을 대상으로 '코리아 CQ' 프로그램을 마련해 한국의 명소나 산업현장을 찾아가고, 한국문화를 경험하게 해주는 활동을 9년간 진행해왔다. 지난 2010년부터는 '문화소통포럼(CCF)'을 열고 해외의 명사들을 초대해 한국문화를 체험시켜주고 있다. 2014년 CCF는 8월 31일부터 9월 2일까지 15개국 문화계 대표 인사들을 초대해 음식부터 예술까지 한국 문화의 정수를 체험하게 했다.

많은 성과를 이뤘지만 그는 아직도 하고 싶은 일이 많다. 현재 26권의 책을 써낸 그는 내년 초 30년간 글로벌 무대를 뛰며 접해온 리더들의 이야기를 묶어 리더의 소통 능력에 대한 책을 발간할 계획이다. 최 이사장은 "사람들을 선도하는 리더가 되려면 어떤 자질이 필요한가를 소통과 연관된 '10C'로 묶어 저만의 시각을 제시할 계획이에요. 우리 젊은이들이 향후 국제무대에서 활동하려면 창의성뿐만 아니라 소통능력이 매우 중요합니다"라고 강조했다.

 **최정화 한국이미지커뮤니케이션 이사장은**

▲ 1980~1987년 파리III 대학 통번역대학원 교수
▲ 1988년 한국외국어대학교 통역번역대학원 교수
▲ 2005~2012년 2012 파리 올림픽 유치 홍보대사
▲ 2005~2007년 국가이미지개발위원회 위원
▲ 2006~2009년 한국올림픽위원회 국제특별위원회 위원
▲ 2009~2011년 대통령 직속 국가브랜드위원회 위원
▲ 2012년 국제문화소통포럼 자문위원
▲ 2012~2013년 문화체육관광부 해외문화홍보원 자문위원
▲ 2003년 한국이미지커뮤니케이션연구원(CICI) 이사장

"여성의 권리는 곧 인간의 권리다.
모든 여성은 자신이 원하는,
자신이 행복할 수 있는 선택을 내릴 수 있어야 한다."

힐러리 클린턴(전 미국 국무부 장관)

PART 4
창의·독창

크리에이티브

CREATIVE

창의
독창
Creative

"최고의 리더십은 다른 이들이 보지 못하는 잠재성을 파악하고 그것을 개발할 수 있게 물꼬를 터주는 것입니다. 여성이야말로 세계적으로 가장 활용되지 못한 자원의 영역이죠. 위험을 마다치 않고 창의성을 활용해야 합니다. 실수하는 것을 절대로 두려워하지 마세요."

세계에서 가장 영향력 있는 여성 중 한 명인 칼리 피오리나(60세) 전 휴렛팩커드(HP) 회장이 2014년 5월 제주에서 열린 포럼에서 한국 여성들에게 강조한 말이다. 리더십을 주제로 한 포럼이었는데, 그가 이날 여성을 '창의성을 갖췄지만 활용하지 못한 잠재 자원'으로 정의한 것이 화제가 됐다. 특히 피오리나 전 회장이 "여성 리더십의 출발점은 남성들의 이해에서 비롯되죠. 남성들은 여성들을 다른 종(異種)으로 생각하지 말고 (창의력 같은) 특정 분야에서는 남성보다 더 두각을 나타낸다는 점을 인정해주기를 바랍니다" 하고 강조하자 박수갈채가 쏟아졌다.

피오리나 전 회장 말대로 남성의 경우 수리적 사고를 담당하는 좌뇌의 기능이 상대적으로 더 활성화돼 있지만, 여성은 감성과 창의력이 발현되는 우뇌가 더 발달한 것으로 알려졌다. 창의력이 여성 리더십의 차별점이자 시작점이 될 수 있는 것이다.

하지만 창의력을 천재적인 영감이나 독창적인 상상력으로 오해해서는 안 된다. 자칫 상상력이 풍부한 특별한 사람만이 창의력을 가질 수 있다고 여길 수 있지만, 직관력과 분석력 등 다양한 사고를 통해 창의력은 충분히 발휘할 수 있다. "좋은 아이디어를 얻는 최선의 방법은 많이 생각하는 것이다(The best way to have a good idea is to have lots of ideas.)"라는 라이너스 폴링의 얘기처럼.

창의적인 리더 역시 이 관점에서 해석할 수 있다. 특별한 능력을 갖춘 이가 리더가 되는 것이 아니라 기존보다 조금 새로워진 가치 있는 일을 찾기 위해 다양한 사고를 통해 자신을 혁신할 때 창의력을 갖춘 리더가 된다. 좀 더 다각적으로 많이 생각하라!

잠재된 창의력을 깨웠다면 강력하게 추진하는 배짱도 길러야 한다. '현실성이 부족하다'거나 '상상과는 다른 결과물이 나오면 어쩌지?' 등의 생각으로 주저하다 보면 잠재된 창의력은 영원히 발휘할 수 없다. 머뭇거리기보다 과감히 도전에 나설 때 창의적인 리더가 될 확률은 그만큼 높아진다. 우리 곁에도 다양한 사고를 통해 잠재된 창의력을 깨워 이를 실현시킨 여성 리더들이 여럿 있다. 현대·기아차그룹의 최초 여성 임원인 김혜경 이노션 월드와이드 전무는 잃을까 겁내지 말고 목표를 크게 잡고 모험을 해야 한다고 강조한다. 한경애 코오롱인더스트리 상무는 열정과 도전, 차별성을 통해 본인만의 창의력을 깨우고 있다. 송영예 바늘이야기 대표는 '가난한 사람들'의 전유물이라는 손뜨개에 대한 편견에 맞서는 동시에 여성들의 취미인 손뜨개질이 아닌 '관련 상품 유통'에 눈을 돌리면서 자신만의 사업을 일궜다. 남성 중심의 제약업계에서 최연소 수장 자리에 오른 김은영 한국BMS제약 대표는 약사 출신의 여성 영업직이라는 희소성을 통해 창의적인 리더로 거듭났다. 손미원 동아제약 제품개발연구소장 역시 남들과 다른 일에서 성과를 내자는 소신으로 리더가 됐다. 이들 다섯 명의 리더들이 주는 메시지를 교훈 삼아 5년, 10년 뒤 창의적인 리더로 성장할 당신을 상상해보자.

한국BMS제약 대표

김은영

내 성공의 팔할은 일욕심

내 성공의 팔할은 일욕심

"처음 사장이 됐을 때 어떤 리더가 될까 고민을 했어요. 저는 싱글이고 여성이고, 나이도 어리다는 핸디캡을 모두 갖추고 있잖아요. 직원들이 저를 무시하면 어쩌나 걱정돼 강압적인 캐릭터를 보여줄까 고민도 많았죠. 하지만 무엇인가 억지로 하면 부작용이 생긴다는 것을 느꼈어요. 제가 가진 장점을 그대로 보여주는 것이 가장 좋은 방법인 것 같아요."

국내 제약업계 최연소 여성 최고경영자(CEO)인 김은영 한국BMS제약 대표가 제시한 남성 부하직원을 다루는 노하우다. 김 대표는 2014년 9월 한국BMS제약의 신임 CEO로 취임했다. 남성 중심의 제약업계에서 최연소 수장 자리까지 오르는 데에는 장애물도 많았다. 특히 남성 직원들과의 관계는 언제나 힘든 주제였다.

업무의 결과를 중요시하는 남성은 과정에 대한 공유를 생략하는 경우가 많다. 여성 상사가 과정에 대해 궁금해 하는 것을 간섭으로 느끼기도 한다. "걱정 마십시오", "제가 책임지겠습니다" 등 큰소리만 믿고 낭패를 본 경우도 많다. 김 대표는 "'저도 잘 모르지만 이런 점을 도와줄 수 있겠느냐' 하는 식으로 과정에 대한 공유를 요청하죠"라면서 "제가 먼저 약한 모습을 보여줄 때 상대방도 마음을 자연스럽게 오픈하면서 업무를 공유할 수 있었어요"라고 조언했다.

약사에서
국내 여성 영업 '1세대'로

김 대표는 약사 출신 제약인이다. 의료인 집안에서 태어나 자연스레 약대를 진학했다. 졸업 후에는 대학병원에서 2년간 약사로 재직했다. 안정된 생활이었다. 하지만 돌연 제약사 영업직에 지원서를 냈다.

"제가 근무하던 병원에 다국적 제약사 영업직원이 찾아와 약사를 대상으로 설명회를 하는 것을 보고 감명을 받았어요. 약뿐만 아니라 질병에 대해 저보다 많이 알고 있는 모습을 보면서 많이 부끄러웠습니다." 약에 대한 전문가가 되고자 했던 김 대표는 그 길로 다국적 제약사의 문을 두드렸다. 약사 출신의 여성 영업직이라는 희소성은 장단점이 있었다. 우선 직장을 옮기는 데는 장점으로 작용했다. 당시 다국적 제약사가 여성 영업직원들을 막 뽑던 시기였기 때문이다. 김 대표는 "제가 여성 영업사원 1세대예요. 실제 영업직으로 입사한 후 다이나믹한 세계를 만났죠"라고 털어놨다.

제약사 영업직에서 여성은 단점 요인이었다. 의사와 약사들을 대상으로 약을 판매하는 업무인 탓에 제약사 영업사원은 대부분 을(乙)의 위치다. 게다가 의사와 약사 대다수가 남성인 탓에 여성 영업직은 흔하지 않았다. 하지만 김 대표는 전문성으로 승부를 봤다. 한 달간 약품 한 가지만 교육을 받기도 했다. 김 대표는 "의사들과 약에 대해 아무리 많은 논쟁을 벌여도 절대 지지 않았어요. 나중에는 의사들이 '약에 대해 궁금하면 김은영한테 전화해라' 하는 말이 나올 정도로 전문성을 갖췄죠"라고 말했다.

과장일 때 부장처럼 일해라

여성 직장인은 늘어나는 추세지만 여전히 여성 임원은 손에 꼽히는 사회에서 김 대표가 초고속으로 승진할 수 있는 비결은 무엇일까?

"과장일 때는 부장처럼 일하고 부장일 때는 임원처럼 일해야 합니다. 과장일 때 과장 역할만 하면 그 이상의 자리는 주어지지 않습니다. 자기 몫 이상으로 일하는 자세가 있을 때 기회는 옵니다." 자신의 업무뿐 아니라 산업 전반에 대한 이해가 필요하다는 의미다. 이 같은 업무를 맡기 위한 경력을 차곡차곡 쌓는 것도 중요하다.

김 대표의 경우 CEO에 필요한 경험을 두루 거쳤다. 제약사 직원의 절반인 영업직은 물론 마케팅과 전략, 해외 본사 업무까지 의약품에 대한 기본적인 이해와 제약산업 전반에 걸친 업무를 맡았다. "젊었을 때 업무가 과중한 것은 자신이 어떻게 소화하느냐에 따라 결과가 다르죠. 힘들다고 대충 일을 하는 것이 아니라 업무를 완전히 소화해 내 것으로 만드는 것이 바람직합니다."

김 대표는 여성과 남성은 직장생활에서의 야망이 크게 다르지 않다고 설명했다. 승진에 대한 열망은 비슷하지만 임신과 육아 등의 상황에서 내조를 중시하는 유교문화로 인해 여성이 야망을 접는 경우가 많다는 것이다. 그는 '여성 친화적 기업'이라는 표현은 좋아하지는 않지만 여성이 계속 일하고 싶을 때 기업이 이를 지원해주는 배려 역시 중요하다고 강조한다. "여러 가지 상황 때문에 여성이 조금 더 포기하는 경우가 생기기 때문에 기업이 여성친화적인 정책을 갖추고 있는 것은 매우 필요합니다."

한국BMS의 경우 여직원의 비율이 절반이다. 이 때문에 출산휴가는 물론 육아휴직도 자유롭게 쓸 수 있는 분위기다. 임신 여직원을 위한 건강검진 특별휴가와 불가피하게 제왕절개 수술이 필요할 경우 비용도 지원한다. 여직원들에게 가장 인기가 좋은 여성친화 정책은 근무시간 유연제다. 어린 자녀가 있는 직원은 다소 늦게 출근하는 대신 늦게까지 근무하는 형태다. 청소년을 둔 직원은 조기 출근해 조기 퇴근이 가능하다. "여직원이 많다 보니 다양한 여성정책을 펴고 있어요. 남성 직원들도 가정의 일원인 만큼 이용률이 매우 높은 게 특징입니다."

김 대표가 취임한 이후에는 위민인세일즈(Women In Sales)라는 사내 네트워크를 만들었다. 김 대표가 직접 여성 영업사원들의 고충을 듣고 경력에 대한 노하우를 전수하는 자리다. 남직원들의 불만은 없다. 여성 직원을 위한 다양한 프로그램이 나오다 보면 결국 남성들도 수혜자가 될 수 있다고 여기기 때문이다.

그는 제약업계 여성 후배들을 위한 멘토링에도 적극적이다. 노바티스 싱가포르지사장으로 재직할 땐 아시아 제약업계 여성을 위한 멘토링 프로그램에도 참여하는 등 제약업계 여성을 위한 멘토를 자처하고 있다. 김 대표는 "제가 여성 영업사원 1세대로서 롤모델이 필요할 때 도움이 되고 싶어요. 제약업계에 일찍 들어와 성장하면서 '미리 알았으면 좋았을 것들'을 공유하는 것에 관심이 많습니다" 하고 강조했다.

즐기는 자

김 대표의 멘토는 어머니다. 전업주부였던 모친은 봉사 등 사회활동에서 적극적이었다. 그는 "아는 자는 좋아하는 자만 못하고, 좋아하는 자는 즐기는 자만 못하다"라는 《논어》의 구절을 인용했다. 어머니를 곁에서 지켜보면서 즐기는 인생의 필요성을 경험한 그는 즐기는 사람이 롤모델이다.

그는 "제가 어머니에게 즐기는 방법을 배운 것처럼 멘티들도 자신의 일을 즐기는 방법을 터득하면 좋겠어요"라고 말했다. 즐기기 위해서는 실력을 갖출 때까지 열공(열심히 공부하는)도 필요했다. 다국적 제약사에서 영어는 의사소통을 위한 필수조건이다. 해외 근무가 잦았던 김 대표는 영어 때문에 스트레스가 많았다. 해외 근무 초반 언어소통이 안돼 자존심이 상한 순간도 많았다. 김 대표는 우선 비즈니스 영어를 익히기 위해 자신에게 오는 이메일을 모두 출력했다. 비슷한 상황에서 출력한 문장을 모방했다. 대화 내용도 녹음해 자신의 표현으로 만들었다. 그는 영어를 유창하게 하는 것이 중요한 것이 아니라 하고 싶은 말을 전달하는 논리가 필요하다는 것을 깨달았다. "콘텐츠에 대해 이해하고 내가 전달하고 싶은 것을 요약하는 방식으로 영어 공부의 방식을 바꿨어요."

장애물도 있었다. 스위스의 노바티스 본사 근무 시절 언어보다 더 큰 벽은 사고의 경직성이었다. 김 대표가 한국에서 배우고 경험한 것이 옳은 것이라는 사고의 틀에 갇혀 동료들과 어울리는 것이 쉽지 않았다. 그는 "제 생각이 유연하지 않았죠. '나만 맞고 저들은 틀리다'라고 생각했던 것 같아요. 딱딱한 사고를 말랑하게 만드는 작업이 가장 힘들었죠"라고 털어놨다.

직원들과의 관계에서는 정공법을 택했다. 여성도 마찬가지지만 남성의 경우 체면을 조금 더 중시하는 탓에 깍듯한 극존칭을 썼다. 자신이 존경받고 있다고 느끼면 업무에 대한 충성도가 올라가기 때문이다.

가장 중요한 것은 리더로서 실력을 갖추는 일이라고 김 대표는 강조했다. 그는 "리더가 업무에 대해 잘 모르면 어떤 스타일이어도 호흡을 맞출 수가 없어요. 상대방이 저의 가치를 못 느끼면 관계가 발전이 없듯 자신의 실력부터 쌓는 것이 중요합니다"라고 역설했다.

 **김은영 한국BMS제약 대표는**

▲ 1974년 대전 출생
▲ 1996년 이화여자대학교 약학과 졸업
▲ 1997년 한국얀센 영업직 입사
▲ 2004년 한국노바티스 입사
▲ 2008년 연세대학교 경영대학원(MBA) 졸업
▲ 2012년 노바티스 싱가포르지사장
▲ 2014년 한국BMS제약 영업마케팅총괄책임자(전무)
▲ 2014년 한국BMS제약 대표이사

내가 걸어온 그곳이
길이 되더라

이노션 월드와이드 전무

김혜경

여자라는 생각은 잠깐 꺼두셔도 됩니다

여자라는 생각은 잠깐 꺼두셔도 됩니다

배우 한석규가 스님과 함께 대나무 숲을 걷는다. 나란히 걷는 동안 스쳐가는 바람소리, 산새들이 지저귀는 소리가 귀를 간질인다. 이내 휴대폰이 울리며 정적을 깬다. 잠시 후 부드럽게 깔리는 목소리. "또 다른 세상을 만날 땐 잠시 꺼두셔도 좋습니다."

   1998년 이동통신사들이 경쟁적으로 전국 곳곳 잘 터진다는 광고를 할 때 SK텔레콤이 차별화를 꾀했던 광고다. 깊은 산속에서도 전화가 터지는 기술력을 압축적으로 잘 드러냈다는 평가를 받으며 SK텔레콤의 대표 광고가 됐다. 2010년 배우 엄기준이 이를 거의 그대로 재현했을 정도다. 2014년 초에도 배우 전지현과 이정재가 LTE-A 광고를 하면서 "SK텔레콤 고객이라면 신경, 꺼두셔도 좋습니다"라며 광고 문구를 리메이크했다. 2014년 초 SK텔레콤의 스팸 스미싱 광고편에서는 이정재가 "SK텔레콤 고객이라면 신경 꺼두셔도 좋습니다. 뭐든 나쁜 게 생겨도 최대한 피하게 될 테니까요"라며 이 문구를 또 썼다. "꺼두셔도 좋습니다." 이 카피는 그야말로 SK텔레콤 30년 역사와 진배없는 셈이다. 김혜경 이노션 월드와이드 전무가 바로 이 광고 제작자다.

내가 걸어온 그곳이
길이 되더라

1984년 11월 말단 카피라이터로 시작해 2014년까지 꼬박 30년째 이 길을 걷고 있다. SK텔레콤 광고 외에도 KT, KTF, 삼성증권, 풀무원 등 국내 내로라하는 기업 광고가 그의 손을 거쳐 재탄생했다. 지금은 현대·기아차그룹의 제네시스, 그랜저, 쏘나타 등의 현대차 캠페인을 총괄하고 있다. 2008년 말 처음 별(임원)을 단 후 2011년 전무로 승진했다. 남성적 이미지가 강한 현대자동차그룹의 최초 여성 임원 기록이다. 김 전무는 "힘든 일도 많았지만 그래도 늘 경쟁하며 새로운 도전을 해야 하는 광고 일을 하면서 저도 모르게 중독된 것 같네요. 30년째 이 일을 하고 있지만, 내가 살아 있다는 느낌을 들게 해 좋아요"라며 활짝 웃었다.

기자를 꿈꿨던
광고쟁이

"우와! 우리는 반대 모습으로 만날 수 있었겠는데요. 사실 저는 글쓰기를 좋아해 기자를 꿈꿨답니다."

1998년 겨울, 광고대행사 면접에서 떨어진 후 광고업계에는 눈길도 주지 않았다는 기자의 고백에 김 전무는 환하게 웃으며 그동안 숨겨놓은 이야기보따리를 풀기 시작했다. 1984년 대홍기획 카피라이터로 광고업계에 첫발을 내디딘 그의 꿈은 원래 신문기자였다. 대학졸업을 앞둔 스물세 살, 그 무렵에는 광고인이라는 직업이 흔하지 않았다. 카피라이터가 무슨 일을 하는지조차 몰랐다. 대홍기획에서 카피라이터를 공개채용한다는 소식을 듣고 '신제품을 홍보하고 정보를 전달하는' 글을 쓰는 직업이려니 생각했다. 광고업계와의 30년 인연이 그렇게 시작된 것이다.

그저 글 쓰는 창작 직업인 줄 알았지만 광고는 창작, 기획, 영업을 총망라한 종합 비즈니스였다. 배우면 배울수록 끌리는 매력이 있었다. 나만의 문구로 제작한 광고가 전파를 탈 때면 묘한 기분이 들기도 했다.

업무 스트레스는 상당했다. 특히 광고주가 여러 광고기획안을 심사하는 경쟁 프레젠테이션(PT)은 총성 없는 전쟁터였다. 광고쟁이들은 늘 모든 PT에서 승리할 것이라 믿지만 모두가 승자는 아니다. PT에서 한번, 두번 실패하다 보면 슬럼프에 빠진다. 김 전무도 그랬다.

"슬럼프가 없었다면 거짓말이지요. 이동통신 광고전이 심했던 2000년대 한 브랜드가 광고 1건, 1건을 모두 경쟁 PT에 붙인 적이 있었습니다. 많으면 한 달에 3~4번 정도 PT를 했는데 대부분 졌어요. 1년여를 이유조차 모른 채 계속 지니까 나중에는 너무 화가 나더라고요. 일을 계속해야 하느냐는 좌절감이 들기도 했습니다. 막판엔 칠판만 보며 PT를 할 정도였습니다."

김 전무는 결국 광고주를 포기하든지, 회사가 자신을 포기하든지 해달라며 배수진을 쳤다. '잘려도 어쩔 수 없다' 하며 자포자기했다. 1년여간의 도전 과정을 지켜봐온 회사는 그의 손을 들어줬다. 이기든 지든 PT 결과물을 상세히 기록한 그를 중요한 인적 자원으로 여긴 것이다. 김 전무는 그때 회사가 자신을 포기했다면 지금은 광고가 아닌 다른 일을 하고 있을 것이라면서 "그때 실패 경험을 겪으며 전

투력은 확실히 높아졌고, 이젠 웬만한 난관은 별로 어렵게 느껴지지 않아요"라고 너스레를 떨었다. 그때의 쓰라린 경험이 스스로를 단련시키는 약이 됐다는 얘기다.

PT 경쟁만큼이나 힘든 일은 광고주와의 관계다. 광고업계는 상대적으로 여성 직원 비중이 큰 분야지만 영업 등 대외업무를 주로 담당하는 마케터는 남자들이 많다. 광고주 대부분이 남자다 보니 아무래도 남자 마케터가 유리한 것도 사실이다. 남자들만이 아는 얘기, 남자들만이 통하는 코드. 보이지 않는 이 벽을 그는 어떻게 넘어섰을까. 답은 간단했다. "그냥 부딪혔습니다." 기대했던 것과 달리 싱거운 답변이었다. 하긴 남자든 여자든 간에 현장에서 부딪히는 게 영업의 정석이지 않겠는가. 그래도 무엇인가 부족하다는 표정을 짓자 보충 설명을 이어나간다. 여성으로서의 약점은 최소화하고 여성으로서의 강점은 극대화하는, 일종의 정공법으로 대처했다고 설명했다.

"요즘은 흔하지 않지만 당시에는 개인적인 일까지 부탁하는 광고주가 있었어요. 그런 불합리한 부탁에 남자들은 일단 한 발 물러서서 참는 편인데 여자들은 바로 드러내죠. 그런 점에서 한 호흡을 쉬고 물러서서 상황을 지켜보는 노련함도 필요한 것 같아요. 인간관계도 매우 중요하니까요. 남자들은 군대라는 조직을 겪어봐서 그런지 확실히 인간관계 능력이 뛰어난 편이죠. 창의적인 아이디어만으로 모든 것이 이뤄지지 않아요. 불합리한 부분이라도, 여자들도 일단 한 발 뒤로 물러서서 중재할 필요가 있습니다."

여자들도 남자들의 조직문화를 배울 필요가 있다고 스스럼없이 말하는 김 전무에게 현대차 최초 여성 임원이 된 비결인 것이냐고 넌지시 물었더니, 손사래를 치면서 "그랬다면 지금보다 더 높은 위치에 있었을 것 같네요" 하고 웃음으로 맞받아쳤다. 그러면서 아직도 많은 게 부족하다고 고백했다.

리스크가 클수록
얻는 것도 많다

그가 광고쟁이 일에만 집중할 수 있는 배경에는 가족들의 헌신도 한몫했다. 가사는 남편이 도왔고 아들 육아는 시어머니가 도맡았다. 간혹 텔레비전에서 자신의 작품이 나오면 아들에게 엄마가 만든 것이라고 알려줬다. 엄마로서 희생적이지는 않았지만 지금 대학교 3학년인 아들은 "엄마가 자랑스럽다. 앞으로 엄마처럼 열심히 살겠다"라고 다짐한단다. 김 전무는 "모두 다 가질 수는 없어요. 후배들이 가사나 육아를 맡기기로 했으면 불안해 하지 말고 진짜 믿고 모두 맡겼으면 좋겠어요"라고 조언했다.

가사와 육아의 부담을 덜고 일에 집중하면서 김 전무도 광고 전문가로 인정받기 시작했다. 칸 광고제와 애드페스트 등 세계 주요 광고제 심사위원으로 활약하며 국내 광고인의 위상을 높였다. 2011년에는 광고진흥발전 유공자 정부 포상을 받기도 했다. 광고쟁이라면 부러워할 성과를 거뒀지만 아직도 갈 길이 멀다. 현대기아차를 사랑받는 브랜드로 키워내는 것, 모든 이들로부터 혁신적이라고 평가받도록 하는 것이야말로 그가 매일매일 끌어안고 고민하는 숙제다.

"현대기아차가 좋은 차를 만들어 세계 5위의 자동차 회사로 성장한 것에 걸맞게 브랜드 파워도 함께 키워내야 합니다. 현대기아차에서 기술의 발전을 통해 신차를 개발하듯, 저는 오랫동안 사랑받을 수 있는 브랜드가 되기 위한 전략을 짜야 합니다. 앞으로 현대기아차를 장수 브랜드로 키울 좋은 인재도 많이 양성해야 합니다."

김 전무는 광고쟁이를 꿈꾸는 후배들에게 "리스크가 크면 잃는 것도 많지만 얻는 것도 많죠. 잃을까 겁내지 말고 목표를 크게 잡고 모험을 해야 해요"라고 조언했다. "모험을 크게 걸었다가 설령 실패하더라도 생각보다 잃는 것이 작으니까 말이에요." 목표를 작게 잡으면 어떻게든 되겠지 하며 대충 하지만, 크게 잡으면 더 열심히 하게 된다는 것이 그의 설명이다. 이 순간 그의 눈빛이 승부사처럼 반짝였다.

 **김혜경 이노션 월드와이드 전무는**

- ▲ 1963년생
- ▲ 1985년 성균관대학교 국어국문학과 졸업
- ▲ 1984년 11월~1988년 12월 대홍기획 카피라이터
- ▲ 1989년 1월~1996년 1월 누리기획 제작팀장
- ▲ 1997년 2월~1999년 7월 제일보젤 CD
- ▲ 1999년 2월~2004년 8월 휘닉스컴 CD
- ▲ 2004년 9월~2006년 6월 TBWA KOREA ECD(전문임원)
- ▲ 2006년 7월 이노션 월드와이드 전무

손미원

동아제약 제품개발연구소장

남자와 똑같이 일하겠다

남자와 똑같이 일하겠다

"여성은 아이를 낳고 키우면 훨씬 강해지고 현명해져요. 아기를 키우면서 축적한 삶에 대한 역량은 어마어마합니다. 이것을 일하는 데 쏟으면 동료 남성보다 훨씬 더 큰 성과를 낼 수가 있지요."

동아제약의 제품개발연구소장을 맡고 있는 손미원 상무는 출산으로 경력이 단절된 여성이 일터에서 더 능력을 발휘할 수 있다고 주장했다. 자식을 위해 궂은일도 마다하지 않은 모성애가 직장맘을 더 강인하게 만든다는 논리다.

반전의
카리스마

단아한 단발머리에 하얀 피부, 천상 여자인 외모와는 달리 손 상무는 반전이 넘치는 인물이다. 온화한 미소 뒤에 숨겨진 강단이 느껴졌다. 직장에서 승승장구하다 출산 후 육아가 힘겨워 회사를 그만두는 직장맘에 대해 쓴소리도 아끼지 않았다. 손 상무는 "육아휴직기간 동료가 승진하면 자신이 경력에서 뒤진다고 생각해 회사를 그만두는 여성이 있어요. 이것은 논리에 맞지 않죠. 자신이 일터에서 떨어져 있는 동안 성과를 만들어낸 동료가 승진하는 것은 당연한 것 아닌가요"라고 지적했다.

그는 "자녀를 키우던 에너지를 업무에 쏟으면 먼저 승진한 동료보다 훨씬 업무효율을 높일 수 있고, 이는 승진으로 이어지게 마련이죠. 육아휴직을 '1보 전진을 위한 2보 후퇴'의 기회로 삼아야 해요"라고 강조했다.

연구소에서도 손 상무의 리더십은 유명하다. 회식 자리에서 본사 마케팅부 직원이 "소장님을 뵈니 조용필의 「단발머리」가 생각나네요" 하는 농담을 건넸다가 연구소 직원들을 일순간 얼음으로 만든 적도 있다. "소장님한테 어떻게 그런 농담을 할 수 있느냐"라며 걱정스레 손 소장의 분위기를 살폈다는 후문이다.

여자가 어떻게 의대를 가느냐

손 상무가 남성 일색의 제약업계에 발을 들여놓은 것은 생명과학에 대한 관심 때문이었다. 의대에 진학하고 싶었지만 부모님의 반대로 포기했다. 대신 약대를 선택했다. 그는 "지금은 약대에 여자가 훨씬 많지만 제가 학교에 다닐 때만 해도 정원 80명 가운데 여학생은 17명에 불과했어요. 이마저도 여자가 약대를 졸업하면 학교에 남거나 공무원 시험을 준비하는 경우가 많았죠"라고 회고했다.

하지만 손 상무는 제약업계는 물론 산업계 전반에 여성이 드문 시절 제약사를 선택했다. 생명과학을 연구에서 그치는 것이 아니라 연구 결과를 상용화하는 것이 목표였기 때문이다. 그는 "제품이라는 결과물을 만들어내는 일이 제 적성에 맞았어요. 연구 결과를 산업화할 수 있다는 매력 때문에 동아제약에 지원하게 됐죠"라고 말했다.

동아제약의 첫 정규직 여직원으로 입사한 손 상무는 초반부터 우여곡절이 많았다. 서울대학교 약학대학원 동기 너덧 명과 함께 입사한 그는 유일한 여성 연구원이었다. 합격 통지서를 받던 날, 동기들과 똑같은 업무를 맡을 것으로 여겼지만 현실은 달랐다.

당시 연구원에서 근무하던 계약직 여성 연구원들의 업무는 남성 연구원들의 연구결과를 문서로 작성하는 일이었다. 여성들이 결혼과 동시에 회사를 그만두는 분위기였던 만큼 여성 연구원은 잠시 일하다 그만둬도 부담이 없는 '촉탁(정규직이지만 고용계약을 맺지 않고 특수업무에 종사하는 근로자)'이었다. 면접 자리에서는 "여성이 어떻게 이런 힘든 일을 하겠어요?" 물어보던 시절이었다.

5년간의
포지션 투쟁

손 상무는 굴하지 않았다. 그는 "박사학위 과정도 힘든 일입니다. 조금 일하다 그만둘 것이라면 처음부터 들어오지 않았습니다" 하고 맞받아쳤다. 똑같이 약대를 나온 만큼 같은 업무를 하는 것이 옳다고 생각한 손 상무는 입사 직후 여직원 모임을 결성했다. 당시 여성 연구원은 5명. 이들은 회사를 상대로 5년이나 치열한 포지셔닝(직위) 투쟁을 했다. 손 상무는 여성 연구원이라 특혜를 받거나 (여성 중심의) 근무환경을 개선해달라는 식의 요구가 아닌, 남자 직원과 마찬가지로 여직원도 동등하게 일하게 해달라는 것이었다고 술회하면서 "입사 후 포지셔닝 투쟁을 하던 5년이 가장 힘들었어요"라고 말했다.

동등한 업무를 배정받기 위한 투쟁 중에는 야간근무도 포함됐다. 남자 직원들도 기피하는 야간당직을 여성 연구원들이 하겠다고 스스로 손을 든 것이다. 이 때문에 여성 연구원들 사이에 분열이 생기기도 했다. 손 상무는 "떳떳하게 남자들과 똑같이 일하고 똑같은 대우를 요구하자고 설득했죠"라고 전했다.

남녀 업무에 차별을 두지 않는 지금은 연구소에 포지셔닝 투쟁을 위한 여성 모임은 존재하지 않는다. 하지만 여전히 여성 연구원 간 친목 모임은 분기별로 진행하고 있다. 손 상무는 "제가 그런 모임을 결성하는 것을 좋아하거든요" 하면서 해맑게 웃었다.

성공 비결은
일에 대한 고집

"저는 단점이 많은 사람입니다. 고집이 세고, 윗사람 말을 잘 안 들어요. 성질도 못됐습니다." 거침없는 자아비판부터 쏟아낸 손 상무는 '일을 아주 많이 좋아하고, 일에 대한 강한 고집'을 성공 비결로 꼽았다. 입사 초반 남성 동기들의 그늘에 가려 두각을 나타내지 못했던 그는 남성과 똑같은 업무를 맡으면서 진가를 발휘했다.

동아제약의 천연물신약 3호인 소화불량 치료제 모티리톤을 개발, 상용화까지 성공시킨 것이다. 손 상무는 모티리톤을 개발했던 때가 가장 좋았다면서 "당시 (동아제약 강신호) 회장님에게 금박이 덮인 상패를 받았어요"라고 소개했다. 손 상무가 천연물신약 개발에 성공하게 된 배경은 삶의 원칙 덕분이다. 남들과 다른 일에서 성과를 내자는 소신이 틈새시장을 공략하는 계기가 된 것이다. 그는 "한참 뜨고 있는 바이오나 안정적인 화학 신약이 아닌 마이너 분야인 점이 마음에 들었어요. 니케시장(틈새시장)을 공략한 점이 시장에서 성공할 수 있는 비결입니다"라고 설명했다.

소통에 소홀한 점이 가장 아쉽다

손 상무에게 신약 개발 이외의 분야는 관심 밖이다. 이 때문에 한 가지 연구에 몰입하면 주변 상황은 신경 쓰지 못했다. 대부분의 여성 직장인처럼 남성 동료와의 소통에 문제가 생긴 적이 많다고 스스로 고백할 정도다. 손 상무는 "남자들은 서로 술도 마시고 끊임없이 소통하지만, 여성인 우리는 대부분 일에만 목숨을 걸죠. 해결책은 정면돌파예요. 회의를 열어 요구사항을 듣고 솔직하게 답변하는 것이 좋아요"라고 조언했다.

한번 맡은 업무는 결과물이 나올 때까지 연구에 매진, 마침내 상품으로 만들어내려는 근성은 주변의 오해와 비난도 샀다. 천연물신약 개발에 착수했을 때에는 사내에서 비판도 나왔다. 막대한 비용과 오랜 시간이 걸리는 신약 개발에서 시장의 외면을 받는 분야를 개척하는 모습이 무모하다는 지적이었다. 하지만 손 상무는 아랑곳하지 않았다. 그는 "제가 좀 무디거든요. 목표가 있고 해야 할 일은 산더미인 만큼 그런 비난은 하나의 의견으로 참고만 했죠"라고 회고했다. 결과는 대성공이었다. 손 상무가 개발한 모티리톤은 위염치료 천연물신약 스티렌과 함께 동아제약의 대표적인 캐시카우다. 손 상무가 소신껏 천연물 신약 개발에 매진할 수 있었던 비결은 지금까지 이뤄낸 성과 덕분인 것이다.

여성이 만드는
유리천장

"일하는 사회에서는 능력으로 구분을 둬야지 남녀로 구분하면 안됩니다." 손 상무는 여성 스스로가 만드는 유리천장을 가장 깨기 어려운 대상으로 꼽았다. 여성이기 때문에 당연히 받아야 한다는 식의 주장이나 여성이라 못한다고 뒤로 빼는 방식이 여성의 사회생활을 더 어렵게 만드는 장애물이라는 것이다.

"저희가 입사했을 때에는 힘든 일이 있으면 후배들을 위해 갈 길을 닦아놓는다는 심정으로 버텼지만 지금은 분위기가 많이 달라졌어요. 조금 힘들더라도 버티겠다는 자세가 필요합니다."

이를 위해서는 '슈퍼맘 콤플렉스'부터 벗어야 한다는 것이 손 상무의 조언이다. 일과 직장을 모두 지키기 위해 애쓰기보다 포기하고, 타협하는 지혜가 필요하다는 이야기다. 그는 가정일과 직장업무를 완벽하게 해내는 것은 불가능하다면서, 일이 정말 좋아서 시작했다면 육아는 보모를 쓰는 등 전문가에게 맡기는 자세가 필요하다고 조언했다.

손미원 동아제약 제품개발연구소장은

- ▲ 1984년 서울대학교 제약학과 졸업
- ▲ 1991년 서울대학교 약학대학원 졸업(생화학 박사)
- ▲ 1992년 동아제약 연구소 입사
- ▲ 2008년 동아제약 연구본부 신약연구소 천연물신약연구팀장
- ▲ 2011년 동아제약 연구본부 제품개발연구소장
- ▲ 2011년 산업통상부 미래산업선도기술개발사업 천연물신약사업단장
- ▲ 2013년 동아제약 상무 승진
- ▲ 2013년 동아ST 연구본부 제품개발연구소장

송영예

바늘이야기 대표

남성들의 유통세계, 바늘구멍 뚫고 세계로

남성들의 유통세계, 바늘구멍 뚫고 세계로

"일반적으로 손뜨개질은 여성의 취미로 여겨집니다. 국내에서 손뜨개질을 취미로 영위하는 사람들의 99%가 여성이죠. 그런데 손뜨개질에 쓰이는 실이나 바늘, 원단, 부자재를 실제로 유통하는 사람들도 여성일까요?"

송영예 바늘이야기 대표는 인터뷰를 하러 찾아간 기자에게 도리어 이런 질문을 던졌다. 부드러운 미소의 첫인상과는 전혀 딴판인, 기업인으로서의 날카로운 문제의식이 느껴졌다. 그 질문의 답은 15년 전 본격적으로 손뜨개질 사업에 뛰어든 그를 한동안 괴롭히던 것이기도 했다.

"사실 실과 바늘, 천 등을 유통하는 분 중에 여성은 거의 없습니다. 대부분 남성들이 유통업을 꽉 잡고 있어요. 실을 생산하는 분도, 수입하는 분도 거의 남성입니다. 반면 가게를 운영하는 사람이나 실을 사서 손뜨개질을 하는 사람들은 100% 여성이에요. 그게 너무 안타까웠습니다. 여성들이 많이 쓰는 제품을 실제로 사들이고 유통하는 사람 중에는 왜 여성이 없을까, 고민했지요."

그는 바늘이야기 대표 외에도 한국손뜨개협회 회장, 한국프랜차이즈 협회 부회장 등 다양한 직함을 맡고 있지만, 시간을 쪼개 새 손뜨개 책을 만들고 있다. 대표이사가 사업에만 집중하기도 힘든 요즘 같은 시대에 직접 자서전 외의 책을 쓰는 일은 흔치 않다. 하지만 송 대표는 피곤에 지친 몸을 추스려 틈틈이 책을 쓴다고 한다. 그가 쓴 책이 국내 손뜨개 시장을 이끄는 새 유행이 되기 때문이다.

송 대표는 바늘이야기가 국내의 손뜨개질 트렌드를 이끌어가는 중심에 서 있기 때문에, 최대한 최신 정보를 많이 접하고 이전에는 시도하지 않은 새로운 것들을 시도해 유행을 이끌어야 한다고 강조한다. 또한 "요즘 트렌드는 뚜렷하게 이것이다 하고 정할 수 없을 정도로 다양하지만, 옷 대신에 소품류에 대한 관심이 높아지는 추세예요"라고 말했다.

손뜨개 작가에서
유통업체 대표가 되기까지

책쓰기는 평범한 전업주부였던 그를 사업의 길로 인도한 계기였다. PC통신 시절 취미로 즐기던 손뜨개 정보를 게시판에 올리다 폭발적 반응을 얻어 잡지에 연재하게 됐고, 이어 책까지 쓰게 됐다. 송 대표는 심심풀이 삼아 손뜨개 정보를 올렸는데, 생각보다 게시판에서 열람하는 횟수가 높았다고 회고한다. "독자들을 잘 살펴보니 나이든 분들보다는 젊은 전문직 종사자나 주부들이 많은 것을 보고 사업이 되겠구나 하는 감이 왔죠"라고 말했다.

송 대표가 책을 쓰기 전까지만 해도 국내의 손뜨개 책은 일본 등 외국 저자가 쓴 책을 번역한 것이 전부였다. 국내 저자가 직접 한국 실정에 맞게 쓴 손뜨개 책은 많은 여성들의 공감을 샀고, 결국 송 대표는 직접 뜨개질 정보와 관련 재료를 판매하는 쇼핑몰을 열게 됐다. 하지만 처음 쇼핑몰을 열고자 했을 때는 반대가 적지 않았다. 손뜨개를 취미가 아닌 사업으로 한다는 것은 그때만 해도 상상조차 하기 힘든 일이었기 때문. 송 대표는 "친정어머니마저도 '요즘에 손뜨개질 하는 사람 없다. 남편이 벌어다 주는 돈으로 살림이나 잘해라' 하시더라고요. 하지만 제가 본 가능성을 포기할 수 없었죠"라고 말했다.

그가 지켜본 가능성은 여성들이 사회 진출을 하면서 늘어난 경제적·시간적 여유였다. 송 대표는 "여성들의 사회 진출이 늘면서 바쁜 어머니들은 아이들과 남편에게 상대적으로 소홀하게 되고, 정성이 담긴 무언가를 선물해주고 싶어 하게 마련이죠. 결국 해줄 수 있는 것을 찾다 보면 가장 손쉽게 손댈 수 있는 것이 손뜨개질이거든요" 하고 말했다.

송 대표의 어머니 세대에는 손뜨개란 '가난한 사람들'의 전유물이었다. 돈을 주고 옷을 사기보다는 집에서 싸게 만들어서 입을 수 있는 손뜨개질 옷을 선호했다는 것이다. 하지만 요즘 세상에서 손뜨개란 더 이상 싸구려가 아니다. 주변에서 말릴수록 오히려 돈으로 가치를 매길 수 없는 나만의 것을 갖고 싶어하는 젊은 층들에게 잘 먹힐 것이라는 확신만 더해져 갔다.

그렇게 뛰어든 손뜨개 시장에서 그는 새로운 벽에 직면했다. 그가 지금까지 써오던 실과 부자재들을 유통하는 이들이 모두 남성이라는 사실이었다. 여성보다 손뜨개의 예술적 가치에 대한 안목이 떨어지는 남성들이 유통·수입 과정을 장악하고 있다 보니 송 대표가 원하는 색상의 실을 찾기는 하늘의 별 따기였다. 송 대표는 "제가 원하는 오렌지 색상의 실을 시장에서 아무리 찾아도 살 수 없었죠. 오렌지에도 진한 오렌지가 있는 반면에 레몬색이 섞인 옅은 오렌지 색상이 있는 등 종류가 다양한데, 국내 수입업자들은 잘 팔리는 빨강, 파랑, 노랑 등의 제품에만 주력하다 보니 그런 다양성에 대한 배려가 부족했어요"라고 말했다.

결국 그는 2000년대 초부터 직접 해외 브랜드와 접선하며 유통사업에도 뛰어들기 시작했다. 당시 국내 시장에 거의 유통되지 않던 독특한 색상과 질감의 실들을 들여와 쇼핑몰에서 판매했다. 기존 유통업자들은 흰 눈을 뜨고 흘겨봤다. "이런 색상이 잘 팔리겠어?" "이상한 것을 들여와서 팔려고 한다" 하는 비아냥도 들었다. 그러나 그들의 예측이 무색하게 송 대표가 들여온 색상의 실들은 불티나게 팔려 나갔다.

"저는 소비자부터 출발했잖아요. 그래서 소비자들이 어떤 실을, 어떤 재질의 천을 원하는지 트렌드를 읽는 힘이 전문 유통상인보다 좋았죠. 여성의 힘이 그런 부분에서 발휘된 것 같아요. 더 예쁜 실을 사고 싶어 하는 여성들의 욕구는 커지는데, 시장 상인들이 모두 남자다 보니 그런 트렌드를 읽지 못해 공급이 없었어요. 직접 해외 브랜드와 접촉하고 실을 들여오기 시작했어요."

털실 생산
틈새시장도 넘봐

이제 송 대표는 유통을 넘어 생산과 수출에도 손을 댔다. 국내 업체에 의뢰해 굵게 뽑아낸 겨울용 실 2종은 2014년부터 판매한다. 일부 제품은 일본 등 선진국 시장에도 진출했으며, 해외 고객도 바늘이야기 제품을 구매할 수 있도록 시스템을 구축한 상태다. 손뜨개 시장은 연 300억 원 규모다. 결코 크다고는 할 수 없는 규모지만, 동시에 대기업이 손을 뻗지 않아 자영업자들이 탄탄하게 뿌리내릴 수 있는 구조다. 전국 손뜨개 관련 매장은 1000여 개, 문화센터 등에서 강의를 진행하는 강사는 2000여 명 정도로 추산된다. 그 시장에서 송 대표는 점유율 10%로 단연 1위를 달리고 있다. 대부분의 여성 1호들이 금남의 영역에 진출해 화제를 모은 것과 달리, 그는 여성들의 전유물이면서도 사업화되지 않던 손뜨개질을 사업의 영역으로 끌어올린 1호 인물이다. 그가 선택한 길은 손뜨개 시장에서 새로운 흐름을 만들고 유행을 선도한다.

송 대표는 앞으로 더 많은 여성들이 취미 활동을 산업의 영역으로 발전시키는 데 적극적으로 힘써줬으면 하는 바람이다. 손뜨개뿐 아니라 비즈·펠트 등 눈을 돌리면 얼마든지 아이템은 넘쳐난다는 것이다. 그는 "가장 안타까운 것은 손뜨개 프랜차이즈를 시작한 후 15년이 지났는데도 제 경쟁자가 없다는 것이죠. 저 같은 사람이 한 명만 더 나온다면 경쟁해서 더 높은 성장을 이룰 수 있을 겁니다"라고 예상했다. 그는 제2, 제3의 바늘이야기가 등장하면 손뜨개질 시장도 더 확대되리라는 믿음을 갖고 있다.

그러기 위해서는 무엇보다도 여성들이 '같이 일하는 법'을 배워야 한다고 그는 충고한다. 그 역시 혼자 PC통신에 글을 올릴 때보다 바늘이야기 가맹점 점주들을 모으는 과정에서 더 많은 것들을 배웠다고 한다. 송 대표는 여성들이 혼자만의 공간에서 혼자 작업하는 것을 선호하지만, 혼자 잘하기보다는 모두 같이 잘할 수 있도록 적절하게 조화를 이루는 방법을 배워야 한다고 충고한다.

"똑같은 실을 갖고도 만드는 사람이 여럿이면 여러 가지 다양한 제품을 만들 수 있어요. 사회가 그렇듯이 뜨개질 시장도 많은 분들의 참여를 통해 더 성장할 수 있다고 믿어요. 만약 제2의 송영예가 등장해서 바늘이야기와 선의의 경쟁을 한다면, 더 많은 디자인들이 축적되고 시장도 발전할 수 있지 않을까요?"

송영예 바늘이야기 대표는

- ▲ 1998년 바늘이야기 대표
- ▲ 2003년 한국여성경제인연합회 선정 '이달의 CEO' 수상
- ▲ 2005년 여성경제인의 날 중소기업청장상 수상
- ▲ 2006년 한국프랜차이즈협회 이사
- ▲ 2006년 사단법인 한국손뜨개협회 1대 회장
- ▲ 2009년 아리수 명예 홍보대사
- ▲ 2013년 서울특별시장상 모범여성기업인부문 수상
- ▲ 2014년 한국프랜차이즈협회 부회장

코오롱인더스트리 상무

한경애

나만의 디자인 유통시킬 패션 권력을 꿈꾸다

나만의 디자인 유통시킬 패션 권력을 꿈꾸다

매년 1월과 6월, 이탈리아에서 개최되는 피티워모(PITTI UOMO)는 전 세계 패션 종사자라면 꼭 참가해야 하는 최대 규모의 남성복 국제 전시회. 특히 피티 워머는 현장에서 세계 유수의 브랜드·패션 기업과 수주 상담을 진행하는 전시회여서 글로벌 시장 진출을 위한 교두보라는 평가를 받는다. 이곳에 한국 최초로 진출한 브랜드가 남성복에 편집 매장 개념을 도입한 코오롱인더스트리의 '시리즈'다.

2012년 1월 첫 진출 후 매 시즌 빠지지 않고 참가해 영국과 러시아 바이어들로부터 적극적인 러브콜을 받고 있다. 한경애 코오롱인더스트리 상무가 바로 이 브랜드의 총괄 책임자다. 2006년 시리즈 브랜드를 출시한 이후 디자인은 물론 기획, 유통, 영업 등 사업 전 분야를 지휘하고 있다. 디자이너 출신이, 그것도 여자가 사업부장 자리까지 꿰찬 덕에 그는 패션업계의 '퍼스트 무버(first mover, 선도자)'로 통한다.

그가 밝힌 퍼스트 무버의 비결은 간단 명료하다. "열정적으로 열심히 일한 결과예요." 하긴, 열심히 최선을 다하는 것보다 더 나은 묘책이 어디 있을까, 싶어 고개를 끄덕이니 한 상무가 몇 마디를 보탠다.

"디자인실에만 머물러 있지 않았어요. 휴일이면 백화점이나 가두

매장을 둘러보며 고객을 직접 만났습니다. 디자이너라서, 여자라서 식의 한계를 그으며 스스로 물러설 생각을 하지 않았어요. 제 디자인을 성공적으로 유통할 힘, 권력을 갖고 싶었어요. 그런 모습이 열정적으로 보였나 봐요."

퍼스트 무버 비결은 '열정·도전·차별성'

그가 처음부터 남성복 디자이너 겸 마케터를 꿈꾼 것은 아니다. 1985년 성균관대학교 의상학과를 졸업할 무렵 아동복으로 유명한 삼도물산의 채용공고가 떴다. 의상학과 졸업 후 여성복 디자이너를 꿈꾸는 것이 당연시되던 때였지만 개의치 않았다. 다른 사람들이 걷지 않는 새로운 길인데다, 삼도물산 자체가 1960년 설립돼 국내 최초로 의류를 수출한 전통 있는 패션 기업인 만큼 자신의 꿈을 펼칠 수 있을 곳으로 여겼다.

하지만 당시 아동복은 디자인보다는 실용성에 초점이 맞춰져 있다 보니 다양한 디자인을 선보이는 데 한계가 있을 수밖에 없었다. 선도자를 자처하던 그도 곧 답답해졌다. 다양한 디자인과 색으로 유행을 창조하는 '한경애 작품'을 만들고 싶다는 열망이 끓어올랐다. 그렇다고 여성복으로 뛰어들기에는 늦은 시기였다. 경쟁이 치열한 여성복 분야에서 뒤늦은 출발을 해 최고가 될 자신이 없었다. 그때 그의 눈에 들어온 분야가 남성복이었다.

"남성복 태동기이던 1988년에 연을 맺었어요. 지금 들어가면 선도자가 될 수 있지 않을까란 생각을 했습니다."

태동기 사업이 다 그렇듯, 국내 남성복 환경도 순탄하지는 않았다. 지금이야 가슴의 볼륨을 살리고 허리선을 날씬하게 하는 등 남성의 몸매를 부각시키는 다양한 디자인이 선보이고 있지만, 당시에는 그저 밋밋한 실루엣이 남성복의 원래 모습인 것처럼 인식됐다. 그는 매 계절 바뀌는 여성복과 달리 단단한 고정 틀에 갇힌 남성복에서 또다시 슬럼프에 빠졌었다고 담담히 말했다. 그는 여성복에 비해 변화가 더딘 남성복 시장의 환경 차이를 빨리 극복하지 못해 허우적거렸노라고 털어놨다.

또다시 여성 캐주얼로 눈을 돌렸다. 3년, 남성복의 선도자를 꿈꾸던 그가 한눈을 판 기간이다. 그간 쌓아온 커리어를 물거품으로 만들 수 있을 만큼 길다면 긴 시간이었다. 하지만 그는 이 시기가 오늘날의 한경애를 있게 한 시간이라고 했다. 빠른 속도로 바뀌며 유행을 이끄는 여성 캐주얼 시장에서 남성복의 지향점을 깨쳤기 때문이다. 남성복에는 쓰지 않는 색과 정형화된 형식을 깨면 천편일률적인 남성복 시장에서 충분히 승산이 있을 것으로 내다봤다. 남성복 사업을 주도해오던 코오롱인더스트리로의 이직을 결정한 것도 이 같은 판단이 바탕이 됐다.

2006년 자체 디자인한 옷에 다양한 수입 브랜드를 함께 만날 수 있는 편집매장을 개념화해 시리즈란 브랜드를 내놨을 때만 해도 주변에서는 한결같이 부정적으로 봤다. 신사동 도산공원에 매장을 냈다가 문을 닫기도 했다. 그래도 포기하지 않았다. 패션과 문화라는 거대한 담론을 만들기 위해 문화 캠페인을 함께 전개하며 자신만의 개성을 강조하는 2030세대를 공략했다.

그의 전략은 통했다. 브랜드 출시 후 5년 정도 고전했지만 지금 시리즈는 매 시즌 내놓는 제품 대부분이 완판될 정도로 인기를 끌면서 남성복의 대표 브랜드로 자리 잡았다. 시리즈를 패션 브랜드를 넘어 라이프 스타일 브랜드로 키우는 게 한 상무의 다음 과제다.

"남성복에서 라이프스타일 전체로 관심이 옮겨가고 있습니다. 시리즈 잡지를 발행하는 것도 이 때문이죠. 패션은 물론 가구·패브릭·향초 등에 이르기까지 비즈니스 영역을 확장해 세계에서 인정받는 라이프 스타일 브랜드로 키우고 싶어요."

또 다른 도전
'윤리적 패션의 퍼스트 무버'

국내 남성복 시장의 1세대인 한 상무가 요즘 새롭게 도전하는 것은 리폼(재활용) 분야다. 구체적으로는 브랜드 이미지 관리를 위해 불태워 없어지는 3년차 이상 된 재고 옷들의 재활용 여부다. 그는 디자인 개념을 바꿔 새롭게 접근하자고 생각하니 뜻밖에 좋은 결과가 나왔다면서 '래코드' 브랜드의 탄생 배경을 설명했다.

"래코드는 기업의 자원과 노하우를 바탕으로 사회 문제를 해결할 수 있는 제품, 서비스, 비즈니스 모델을 선보인 것이죠. 쉽게 말해 재고상품으로 버려지는 옷들은 장애인이나 미혼모 단체 등의 해체작업과 전문 봉제사의 수작업 기술, 독립 디자이너 및 코오롱 인더스트리 디자이너들과 협업을 통해 새로운 옷으로 선보여 사회에 환원하는 겁니다."

캠브리지, 핸리코튼, 시리즈 등 코오롱인더스트리의 패션 브랜드 옷들은 물론 코오롱스포츠 텐트 등도 이 같은 과정을 통해 래코드의 원피스, 재킷, 바지, 가방 등으로 재탄생했다. 최근에는 자동차의 에어백을 활용한 옷도 디자인했다. 패션 대기업이 브랜딩을 통해 리폼 옷을 선보인 사례는 해외에서도 처음이다.

2012년 출시한 래코드가 윤리적 생산과 소비를 실천하는 업사이클링(upcycling)으로 주목받기 시작하면서 경쟁사들도 속속 뛰어들 채비를 하고 있다. 백화점에서는 업사이클링 브랜드로 가치 소비개념을 담고 있는 래코드 팝업매장 오픈에 대해 적극적인 편이다.

윤리적 패션의 퍼스트 무버를 자처했지만 한 상무에게도 고민은 있다. 그는 "사회환원 차원에서 시작됐지만 현실적으로 이윤을 추구하는 회사에서 매년 적자를 감수하면서 지속하긴 어렵거든요. 적자 규모를 줄일 방법을 찾고 있는 것도 그 때문입니다"라고 털어놨다.

그래서 내놓은 전략이 래코드의 명품 브랜드화다. 샤넬, 구찌처럼 제품에 가치를 입혀 세계적인 명품으로 거듭날 수 있게 하겠다는 게 그의 포부다. 모든 제품을 한정판으로 생산해 세상에 하나뿐인 옷이라는 특별한 의미를 부여한 것도 이 전략에서다. 베를린 캡슐쇼, 프리즈 런던 아트페어 등 세계 아트페어에 진출한 것도 래코드의 가치를 높이기 위한 전략의 일환이었다.

모두 잘할 수는 없다…
포기할 것은 포기해라

디자이너로 출발해 사업부장, 브랜드총괄책임 임원의 자리에 올랐지만 그도 한때 디자이너, 여자라는 이유로 주춤했다고 한다. 그럴 때면 "세상이 나를 중심으로 돌고 있으니 내가 원하는 일을 하면 성공할 수 있다. 남성들이 갖지 못한 소프트함을 키운다면 충분히 승산이 있다"라고 스스로를 독려하면서 일에만 몰두했다. 예민한 시기, 일하는 엄마에게 섭섭해 할 수 있는 아들을 직접 회사로 데려와 "엄마가 하는 이 일도 중요하다"라며 이해를 구하기도 했다.

"포기할 것은 포기해야 합니다." 그에게 일과 가정의 양립으로 고민하는 여성 후배들에게 조언해달라고 부탁을 하니 의외의 답을 했다. 다소 당황스러워하자 그는 "일, 가정 모두를 잘할 수는 없죠. 완벽하게 잘하려고 아등바등하기보다는 내가 이만큼 일에 전념할 테니, 가족들이 좀 도와달라고 진솔하게 부탁하는 게 현명하다는 거예요. 적절하게 잘할 수 있는 능력을 키워야 해요"라고 설명했다.

그는 이어서 다음과 같이 덧붙였다. "내가 보고 들은 경험들을 적재적소에서 꺼내 쓸 수 있도록 계속 자신에게 자극을 주고 실력을 키워야 해요. 자신의 한계를 긋지 말고 전체를 보려고 노력해야 합니다."

 **한경애 코오롱인더스트리 상무는**

▲ 1962년생
▲ 1985년 성균관대학교 의상학과 졸업
▲ 1998년 쌍방울 다반 인터메죠 실장
▲ 2001년 쌈시 의류사업부 기획이사
▲ 2005년 코오롱인더스트리 헨리코튼, 시리즈, 래코드 디자인디렉터(U&S본부 /H&S 담당 상무)

내가 걸어온 그곳이
길이 되더라

"사람들은 지도자가 여성인지 남성인지 크게 신경 쓰지 않는다. 최대의 관심사는 그들의 입장에서 달라지는 것이 무엇이냐 하는 것이다. 행동하고 노력하는 것, 그 외에는 아무것도 중요하지 않다."

앙겔라 메르켈(독일 총리)

PART 5
진화·변화

에볼루션

女力이 國力이다
10대 집중과제 조명

EVOLUTION

진화
변화
Evolution

오랜 기간 남성 중심으로 군림해오던 유리천장에 금이 가기 시작했다. '선택받은 소수'인 여성 리더들이 고군분투하며 변화를 촉발시켰다. 여성 인력이 사회 발전의 동력이자 글로벌 도전의 경쟁력이라는 공감대도 확산되고 있다. 하지만 이 같은 인식의 변화와 사회적 공감대가 '대한민국 에너지'로 전환되려면 사회 곳곳에 아직 남아 있는 편견의 장벽들을 허물어야 한다.

보육·회식문화·가사부담 등 여성 리더십의 발목을 붙드는 장애는 여전히 억세고 거칠다. 이는 여성의 힘이 국력이 되는 여력국력(女力國力) 시대의 문을 열기 위해 우리 사회가 꼭 해결해야 할 과제다. 여력국력을 위해 우리 사회가 꼭 해결해야 할 보육·육아휴직·편견·승진·회식문화·미혼선호·성희롱·연애·가사부담·재취업 등 10대 과제를 선정, 해결책을 모색해봤다.

보육
근무 중 아기전화 울렁증… 직장맘 눈칫밥 24시

―
1
―

\# 수도권 한 대학의 교직원으로 근무하고 있는 이연희(가명, 32세) 씨는 어김없이 오전 6시면 일어난다. 오전 7시에 출근해야 하는 남편을 깨우고 바로 식사와 출근 준비를 한다. 오전 6시 50분, 식사를 끝낸 남편이 출근하기 위해 나선다. 10분 후 곤하게 잠든 아들을 깨운다. 잠에서 깨지도 않은 아들한테 아침밥을 먹으라며 다그친다. 결국 가장 좋아하는 만화를 틀어주며 한 숟가락씩 떠먹인다. 이 시간은 거의 전쟁이다. 시곗바늘은 벌써 오전 7시 30분을 가리킨다. 식사를 서둘러 마무리한 뒤 씻기고 옷을 입힌다.

오전 8시, 아이를 시어머니께 인계하고 사무실로 향한다. 어린이집이 집 근처에 있지만 오전 8시 30분이 돼야 문을 연다. 그 시간에 등원시키면 5분 정도 지각한다. 그래도 일주일 정도 직접 등원시켜봤다. 그런데 교사가 반가워하지 않는 눈치였다. 다른 아이들은 오전

9시가 넘어야 등원한단다. 그 후로는 어린이집 등원도 시어머니 몫이 됐다. 오전 7시 30분부터 문을 연다는 국공립 어린이집으로 보내고 싶지만 1년 6개월째 대기다. 다음 달까지 연락이 오지 않으면 올해도 꼼짝없이 대기를 해야 한다. 어린이집은 통상 3월에 신입 원아를 받는다.

오전 8시 40분, 사무실에 도착했다. 연초라 매일 월요일같이 분주하고 신경 쓸 일도 많다. 결혼한 여직원의 퇴사로 공석이 생겨 더욱 바쁘다. 팀장들은 "남자 직원을 뽑아야 한다"라는 이야기를 한다.

오후 2시, 어린이집에서 "아이가 열이 올랐다"라는 전화를 받는다. 시어머니께 병원 진료를 부탁드렸다. 싱숭생숭하다. 오후 6시 30분부터 시작한 회식이 저녁 10시까지 이어진다. 도저히 더 있을 수가 없어 동기 한 명에게 귓속말로 알리고 몰래 빠져나왔다. 저녁 10시 40분, 집에 돌아오니 시어머니는 지친 모습으로 계시고 아들은 벌게진 얼굴을 하고 잠들어 있다. 대기업 연구원으로 일하는 남편은 아직 귀가 전. 시어머니를 배웅한 뒤 바로 방을 닦고 설거지를 했다. 시곗바늘은 어느새 오후 11시 30분을 가리킨다. 육아와 사회생활을 병행하기 위해 서울에서 수도권 시집 근처로 이사하고 이직을 감행한 게 1년 6개월 전이다. 피곤한 하루가 반복되지만 시어머니가 계시니 그나마 복에 겨운 소리란다.

이 씨처럼 보육 부담을 떠안은 직장맘들이 신음하고 있다. 박근혜 정부가 연일 여성들의 경력이 단절되지 않도록 보육 불안을 해소하겠다고 강조하는 것과는 대비된다.

표면적으로만 보면 보육환경은 매년 개선되는 추세다. 보건복지부에 따르면 2013년 말 기준 전국 어린이집은 총 4만 3770곳이다. 약 10년 전인 2002년의 2만 2147곳보다 두 배 가까이 늘었다. 2010년부터 본격화하고 있는 직장맘들을 위해 365일, 24시간 보육 서비스를 하는 어린이집도 증가하고 있다. 서울시에 따르면 2013년 말 기준 93곳의 어린이집이 24시간 운영 중이다. 서울시 관계자는 "지금 수준이라면 서울 시내 수요를 커버할 수 있다고 본다. 더 확대할 계획은 당분간 없다"라고 잘라 말했다.

국공립 어린이집
절대 부족하고 감독도 허술

하지만 여전히 안심하고 맡길 수 있는 보육시설이 부족하다는 게 부모들의 한결같은 지적이다. 우선 신뢰할 수 있는 국공립 어린이집이 절대적으로 부족하다. 현재 전국 어린이집 가운데 국공립은 5.3%인 2332곳(2013년 기준)에 불과하다. 전체 어린이집 이용 아동 중 국공립 어린이집을 이용하는 아동의 비율도 10.4%에 그친다. 정부가 예산 부담이 큰 국공립 어린이집보다는 민간, 직장 어린이집 중심으로 보육정책을 강화하고 있어 국공립 어린이집이 부족한 것으로 풀이된다. 현재 정부가 국공립 어린이집 대신 믿고 맡길 수 있는 민간 어린이집 육성을 위해 보육시설인증평가제를 시행하고 있지만, 이 제도

역시 관리감독이 허술하다. 어린이집 평가인증은 영유아에게 안전하고 질 높은 보육을 제공하기 위해 평가인증지표를 기준으로 어린이집의 현재 수준을 점검하고 개선하도록 한 후 객관적인 평가를 통해 일정 수준 이상의 기관에 대해 국가가 인증을 부여하는 제도다. 하지만 의무적으로 받아야 하는 것은 아니다 보니 모든 어린이집의 보육 서비스를 점검하지 못한다. 그나마 자발적으로 신청해 평가인증을 받는 곳도 사전 통보하는 방식으로 진행되어 미리 대비하는 곳이 많다.

서울시 노원구 상계동의 한 직장맘은 "지난해 아이가 다니는 어린이집이 평가인증을 앞두고 수첩에 포스트잇으로 '일주일 동안 오전 9시 전에 등원시켜달라'는 메모를 붙여 보냈다. 평상시 오전 8시에 등원할 수 있으면 오전 도우미 비용이라도 아낄 수 있는데…"라며 씁쓸해했다. 평가인증 때 현장확인반이 어린이집에 와서 온종일 조사하지만 이 같은 편법을 걸러내기는 어렵다. 하루가 멀다 하게 어린이집의 아동 학대 사고가 들리는 것도 평가인증제도의 한계를 보여주는 대목이다.

보육시설의 실제 운영시간도 문제다. 현재 정부나 지자체로부터 무상보육비를 지원받는 보육기관은 통상 하루 12시간 아이들을 돌보도록 규정돼 있다. 하지만 이 씨가 보내는 민간·가정 어린이집처럼 종일반의 경우 오전 9시부터 오후 6시까지 운영하는 곳이 대다수다. 그나마 이들 어린이집 아이들의 하원도 대부분 오후 5시 전이면 끝난다. 이와 같은 현실은 통계로도 확인할 수 있다. 국회 예산정책

처의 '2014년도 정부 성과계획 평가' 보고서에 따르면 어린이집 평균 이용시간은 7시간 34분으로 보육료 지원 기준시간인 12시간에 못 미쳤다. 그렇다 보니 직장맘, 맞벌이 부부의 양육비 부담도 만만찮다. 2013년 3월부터 만 5세까지 무상보육정책이 전면 실시되고 있지만, 맞벌이 부부 대부분은 등·하원을 맡길 보조 양육자를 이용하고 있다.

직장 어린이집은
하늘의 별따기

직장 어린이집이 대안이 될 수 있지만 현재 혜택을 누릴 수 있는 직장맘은 극소수에 불과하다. 2012년 말 어린이집을 갖춘 직장은 523곳에 그쳤다. 직장 어린이집에 다니는 아이도 2만 9881명으로 전체 어린이집 아동 148만 7361명의 2%에 불과했다. 2% 내의 혜택을 누리는 직장맘들의 경우 만족도는 높다. 아이의 등·하원 스트레스에서 벗어나다 보니 업무 집중도도 높다. 주변에서 로또 당첨과 마찬가지라며 부러워하는 것도 이 같은 이유에서다. 직장 내 어린이집을 이용하는 락앤락의 윤미래(가명) 씨는 "보통 오전 8시 30분 아이와 함께 출근해 오후 6시 40분께 함께 퇴근한다"면서 "일반 어린이집에 보내는 직장맘들보다는 조금 편한 편"이라고 말했다. 그러나 직장 어린이집이 설치된 곳조차 영·유아를 둔 직원이 윤 씨처럼 직장 어린이집을 활용하기 어려운 사례가 많다. 서울 본사 부근에는 어린이집이 설치돼 있지만 도심 외곽 지점에 거주하거나 지방 근무자라면 그림의 떡일 수밖에 없다.

보육 전쟁이 초등학교 이후까지 이어진다는 것도 직장맘을 괴롭히는 요인이다. 아이가 태어난 후 어린이집과 친정어머니의 도움으로 회사생활을 해온 간호사 김유미(가명) 씨는 2014년부터 초등학교 2학년까지 육아휴직을 쓸 수 있게 됐다는 정책을 듣고 육아휴직을 고민했지만 결국 퇴사했다. 회사에서 넌지시 육아휴직 얘기를 꺼내자마자 "농담이라도 그런 말을 하지 말라" 하는 반응이 돌아왔다. 고민 끝에 어렵사리 말을 꺼냈지만 분위기만 썰렁해졌다. 어린이집과는 달리 초등학교 입학 후 엄마의 손길이 많이 필요하다는 점도 퇴사의 중요 배경이 됐다. 초등학교 1학년짜리가 혼자서는 할 수 없는 '엄마표 숙제'도 많다. 더욱이 요즘에는 초등학교 4학년 때 아이의 대학이 결정된다는 '초4 결정론'이 엄마들 사이에서 유행하고 있다는 것도 거슬렸다.

보건소 등과 연계하는
소프트웨어 강화

전문가들은 젊은 여성의 경력단절을 막기 위해서는 우선 믿고 맡길 수 있는 국공립 어린이집의 확대와 함께 어린이집 실제 운영시간의 현황 파악이 절실하다고 입을 모은다. 황현숙 서울시 직장맘지원센터장은 "어린이집에 더 맡기고 싶은데 분위기 때문에 못 맡기는 경우가 허다하다. 실제 이용시간을 조사한 후 제대로 지키지 않는 어린이집에 현실성 있는 벌칙을 부여하고 종일반 저녁시간까지 남아 있는 아이들을 위한 프로그램을 만들어야 한다"라고 주장했다.

직장 어린이집 확대 조치도 필요하다. 직장 어린이집은 지나치게 높은 민간 보육 비중을 줄일 수 있는 대책 중 하나로 꼽힌다. 직장에서 운영해 믿고 맡길 수 있다는 이점 덕분에 직장맘들이 선호하기 때문이다. 하지만 기업주의 부담이 만만찮다는 게 직장 어린이집 확대 정책의 장애물이다. 정부가 2014년부터 직장 어린이집을 단독으로 설치할 경우 시설전환비를 3억 원으로, 공동으로 설치하는 경우 6억 원 한도로 1억 원씩 확대 지원하기로 했지만 기업들은 여전히 부담스러워하는 눈치다. 이에 따라 기업주에게만 부담을 주는 직장 어린이집보다는 지역 사회와 지역 기업이 설치·운영을 공유하는 협동조합 형태나 산업단지공단 내 공동 어린이집 등 다양한 형태의 직장 어린이집을 마련할 필요가 있다. 양윤선 메디포스트 대표는 "보육시설이 직장 내 있는 것이 최고라고 생각하지만 현실적으로 설치하기 쉽지 않다. 기업주에게만 책임을 전가하기보다는 구성원들과 회사가 십시일반 투자해서 운영하는 식의 현실적 방법도 고려해야 한다"라고 제안했다.

보육시설이 완비됐다고 하더라도 현실에서 부딪히는 문제는 사회적 과제로 해결해야 한다. 이를테면 직장맘들의 최대 걱정거리 중 하나인 아이가 아플 때나 어린이집, 학교 등의 방학기간 보육 문제 등을 개인에게 한정 짓기보다 사회가 함께 해결책을 찾을 필요가 있다.

아픈 아이를 위해 보건소 등을 지역 거점으로 한 돌봄교실을 운영하거나 방학기간 돌봄교실 확대 등도 한 방법이다.

신의진 새누리당 의원은 "맞벌이 부부가 좀 더 수월하게 직장생활을 하도록 하기 위해 하드웨어인 보육시설 확충과 함께 소프트웨어 측면의 지원도 필요하다. 자녀가 법정 감염병에 걸렸을 때 유급 휴가를 줄 수 있도록 한 법안 발의에 이어 대체인력 양성제 등의 법안도 준비 중이다"라고 말했다.

보육은 아빠도 한 축…
탄력근무제 등 확대해야

보육을 엄마 책임으로 한정하지 않고 부부, 사회의 공동 책임으로 인식하는 사회적 분위기도 조성돼야 한다. 최근 들어 일·가정 양립제가 사회적 이슈로 떠오르고 있지만 양육자는 여전히 엄마, 여자로 한정하고 있다. 직장맘을 늘 배려해야 할 대상으로 취급하는 것도 이 때문이다. 직장맘의 직장 내 지위가 열악한 것도 같은 배경에서다.

엄마는 물론 아빠의 보육 책임을 당연시하는 사회적 분위기가 만들어진다면 탄력근무제나 휴가, 출산휴가, 육아휴직 사용 등도 눈치 보지 않고 사용할 수 있게 된다. 박지원 LG경제연구원 책임연구원은 "일과 가정의 양립을 단순히 여성 이슈로 접근하면 기업도 부담될 수 있고 역차별 가능성도 있다. 따라서 기업들도 일하는 부모가 늘고 있는 최근 사회 분위기에 맞춰 가족친화경영을 '일하는 부모'의 생산성을 높이는 데 초점을 맞춰야 한다"라고 말했다. 권선주 IBK기업은 행장은 "20여 년 전 아이가 아플 때 응급실에서 밤을 새운 후 도우미에게 부탁하고 출근했던 나의 생활과 지금 직장맘들의 생활이 크게 달라지지 않았다. 사회 분위기가 나아졌다고 하더라도 보육을 엄마 책임으로 보는 시각은 여전한데 이를 개선해야 한다"라고 강조했다. 권 행장은 "양적으로 늘어난 보육시설만으로 보육 문제를 완전히 해결할 수 없다. 따라서 무엇보다도 보육을 특정한 개인의 책임으로 한정하기보다는 함께해야 한다는 사회적 분위기가 필요하다"라고 덧붙였다.

육아휴직
막상 쓰려면 간 크다는 소리 듣는 대한민국

2

#1. 육아휴직을 거의 다 쓰고 오는 5월 복귀를 앞둔 직장맘 이지혜(가명, 33세) 씨는 복직 후 아이를 어디에 맡겨야 할지가 걱정이다. 어린이집에 보내려니 너무 어리고 빈번한 유아학대 사례 때문에 도우미도 믿을 수 없다. 하루가 멀게 전화로 친정어머니를 설득 중이지만 반응이 신통치 않다. 국내 대기업에 다니는 남편에게 육아휴직 사용을 부탁해보려 했지만 "그런 분위기 아니다"라는 말만 돌아왔다.

#2. 중소기업에 근무하는 황혜정(가명, 32세) 씨는 남편이 둘째 이야기를 꺼낼 때마다 "꿈도 꾸지 말아줘"라고 엄포를 놓는다. 2년 전 첫째를 가졌을 때 출산휴가를 3개월만 쓰고 곧바로 복귀했던 기억이 생생하기 때문이다. 남자 직원이 대부분인데다 일손도 부족한 황 씨의 회사는 육아휴직 신청을 받아주지 않았다.

육아휴직이 도입된 지 26년이 지났지만 육아휴직에 대한 차가운 시선이 직장맘들의 발목을 잡고 있다. '경단녀(경력단절여성)' 해소를 국정과제로 내세운 박근혜정부가 시급히 해결해야 할 사안이다. 육아휴직에 대한 사회적 인식과 이를 바라보는 시선이 최근 몇 년 사이 크게 개선된 것은 사실이다. 고용노동부에 따르면 2013년 신청된 육아휴직 건수는 6만 9616건으로 10년 전(6817건) 대비 10배 늘어났다.

대기업·공무원 위주의
육아휴직 신청

하지만 자세히 들여다보면 불균형이 눈에 띈다. 절반(48.5%, 3만 3811건)가량이 300인 이상 대규모 사업장에서 집계됐으며, 10인 미만 영세사업장의 육아휴직 건수는 1만 2714건(18%)에 불과했다. 한 해 육아휴직의 37%는 공무원(2012년 기준)이 신청한 것이다. 비교적 안정적인 대기업 직원과 공무원들이 자유롭게 육아휴직을 쓸 수 있는 반면, 중소기업에 근무하는 직원들은 사각지대에 놓여 있는 실정이다. 공무원 내에서도 불균형이 존재해 지난해 공무원총조사에 따르면 교육공무원이 전체 육아휴직의 59.9%를 차지했다.

육아휴직의 질도 현저히 떨어진다. 2013년 한국보건사회연구원 조사에 따르면 육아휴직 경험자의 평균 휴직기간은 7.9개월로 법에 명시된 1년을 채우지 못했다. 너무 오래 휴직했다가는 자리를 잃을 수 있다는 우려에서다. 취업포털 사람인이 기업 737곳을 대상으로 조사한 결과에 따르면 10곳 중 1곳이 육아휴직을 사용한 직원에게 퇴사를 권유했다.

하지만 이 같은 불균형을 해소하기 위해 정부가 규제를 강화한다면 자칫 여성들의 사회 진출을 막게 될 수 있다고 여성 기업인들은 우려한다. 하지원 에코맘코리아 대표는 "중소기업들이 여성 육아휴직에 대한 부담으로 인해 여성을 아예 채용하지 않는 부작용이 나타날 수 있다. 대기업에 비해 대체인력이 마땅치 않고 비용을 들여가며 임시직을 쓰는 것도 여의치 않은 것이 중소기업의 현실"이라고 지적했다.

남성 육아휴직 바라보는 편견

결국 대안은 남성 육아휴직의 활성화다. 맞벌이가 보편화되고 있는 가운데 육아 부담을 여성에게만 지워서는 안된다는 인식을 공유해야 하는 것이다. 2013년 남성 근로자의 육아휴직 신청건수가 2293건으로 10년 전에 비해 22배 증가한 것도 이를 뒷받침한다. 최근 공중파 TV의 예능 프로그램을 통해 남성도 육아 부담을 나눠야 한다는 인식이 퍼지고 있는 것도 고무적인 일이다.

그러나 남성 육아휴직의 현실은 숫자가 보여주듯 여성보다 열악하다. 여성의 경우 대체인력 사용에 따른 경제적 부담이 육아휴직 사용 부진의 원인이라면, 남성은 여기에 사회적 편견까지 더해져 이

중고를 겪는다. 육아는 무조건 여성의 몫이며, 남성이 육아를 돕는 것은 '남자답지 못하다' 하는 편견이 바로 그것이다.

서울 동대문구에 거주하는 한 직장맘은 "남자 직원이 대부분인 조직에서는 '네가 낳았냐'라며 남성 육아휴직을 이해하지 못하는 '어르신'들이 대부분인데, 육아휴직을 내고 복귀할 수 있겠느냐. 남편의 미래를 생각하면 육아휴직을 강요할 수가 없다"라고 토로했다. 일반 기업뿐 아니라 공무원들도 승진·고과에 '보이지 않는 걸림돌'로 작용한다며 사용을 꺼린다.

육아휴직 마음 놓고 쓰려면 윗선부터 고쳐야

편견을 해소하는 것이 남성 육아휴직 문제 해결의 지름길이라고 기업인들은 입을 모은다. 황영미 한국존슨앤드존슨 상무는 "한국 사회에서 남성들의 육아휴직 문제를 해결하려면 경영진 차원의 의지가 있어야 한다. 남성 중심의 기업문화 개선 운동을 통해 남성·여성 모두 육아휴직을 쓸 수 있는 분위기를 조성해야 한다"라고 강조했다. 정부도 인식 개선을 위해 '일과 이분의 일' 캠페인을 펼치고, 남성들이 일 외에 나머지 절반(여가·육아)의 삶을 찾도록 한다는 방침이다.

일부 대기업을 중심으로 전개되고 있는 자동육아휴직제의 확산도 요구되고 있다. 현대백화점, SK 등 대기업은 출산 후 자동으로 육아휴직까지 1년 3개월을 쓸 수 있도록 하는 자동육아휴직제를 채택하고 있다. 정부가 다양한 혜택을 통해 중소기업들도 이 제도를 채택할 수 있도록 유인해야 한다는 지적이다.

육아휴직이 남성·여성 어느 한쪽만의 문제가 아닌 부부의 문제인 만큼, 부부가 육아휴직을 합산해 쓸 수 있도록 배려해야 한다는 의견도 제기된다. 이은정 한국맥널티 회장은 "현실적으로 남성 육아휴직을 쓸 수 있는 기회가 거의 없는 만큼 부부가 서로의 육아휴직을 합산해 쓸 수 있도록 하는 정책이 필요하다. 그 대신에 남성이 최소한의 육아휴직은 사용하도록 해 여성의 부담을 덜어줘야 한다"라고 말했다.

편견
여자는 왜 면접 질문부터 달라지나

3

#1. 외국에서 생활용품을 들여와 파는 총판업을 작게 운영하는 여성 최고경영자(CEO) 이미정(가명) 씨는 2013년 '이민하'(가명)라는 이름으로 개명했다. 팩스, 이메일을 통해 판매 제안서를 보내면 여자라는 이유로 내용은 보지도 않고 거부당하는 일이 많아서다. 고민을 거듭하다 중성적인 이름으로 바꿨더니 일단 만날 기회가 주어졌다. 이 씨는 "영업 쪽에는 아직까지 군대, 접대문화가 남아 있는 데다 여자는 깐깐하고 말이 안 통한다는 선입견이 있어서 꺼린다. 이런 선입견이 싫어 중성적인 이름으로 바꿨다"라며 허탈함을 감추지 못했다.

#2. 2년 전 창업한 육아용품 제조업체 대표 A 씨의 명함에는 대표라는 직급이 없다. 대신 '실장'이라고 새겨 넣었다. 수많은 시행착오 끝에 여성 대표라는 타이틀이 일선 현장에서 전혀 도움이 되지 못한다

는 사실을 깨닫고 난 이후부터다. 마이너스가 될 바에야 성과 직급 모두를 지우는 것이 낫다고 판단한 것이다.

여성에 대한 편견이 어느 정도 사라졌다고 하지만 예나 지금이나 이중 잣대는 변함이 없다. 여성이 사업을 한다고 하면 "여자가 해봤자 얼마나 하겠어." "여자가 사업을 하다니 대단한데"라는 상반된 반응이 교차된다. 과거 "여자가 어딜 감히~"라는 무시 섞인 반응 일색이었던 것과 비교하면 한결 나아졌어도 여성 사업가는 평범함을 벗어난 '일탈'로 비친다.

취업·직장·사업…
전 분야에 퍼져 있는 편견

일하는 여성에 대한 편견은 분야를 막론하고 널리 퍼져 있다. 여성들은 사회에 첫발을 내딛기 전부터 편견과 맞서야 한다. 올해로 4년차인 직장인 김유선(가명, 32세) 씨는 입사 준비 때를 떠올리면 숨이 막혀 온다. 중소기업에 면접을 보러 갔더니 가족 관계가 어떻게 되냐는 질문으로 시작해 남자친구는 있는지, 결혼해도 회사를 계속 다닐 것인지, 육아휴직은 어떻게 생각하는지, 등의 질문을 끊임없이 받았다. 김 씨 개인 능력에 대한 질문은 묻혀버렸다. 그는 "여성 직장인에 대한 편견으로 가득 찬 회사에서 일하지 않게 된 것을 다행이라고 생각한다"라며 씁쓸해 했다.

특히 지난 수십 년간 철저히 남성 영역이었던 분야일수록 여성에 대한 편견은 더욱 심하다. 여성이 대표로 있는 사업체 수는 2003년 108만 6102개에서 2007년 111만 6824개로 소폭 늘었다. 여성 기업체를 통계 자료로 파악하기 시작한 1997년(92만 4380개)에 비해서는 20.8% 증가했다.

그러나 여성 기업을 바라보는 시선은 곱지 않다. 여성 사업가들이 은행에 대출을 받으러 갔더니 바지사장이냐, 남편을 데리고 와라 등의 이야기를 들었다는 씁쓸한 일화는 유명하다. 무시와 괄시의 수준은 낮아졌다지만 여전히 여성 기업이라서 겪는 애로사항인 것만은 분명하다. 〈아시아경제신문〉과 한국여성벤처협회가 2013년 중소기업 여성 CEO 100명을 대상으로 '여성 CEO로서 느끼는 경영상의 한계'에 대한 설문조사를 한 결과(2013년)에서도 '여성 기업이라는 이유로 금융기관 자금 대출이 힘들 때'(15%)를 토로하는 비율이 꽤 높았다.

여성 기업의 자질과 능력에 의구심을 갖는 시선도 여전하다. 이은정 한국여성벤처협회장(한국맥널티 대표)은 "여성 기업은 사업을 잘 못하고 영세하다는 편견이 있는데, 여성이 기업을 하면 투명하고 기술력이 있다고 생각하는 분위기가 돼야 한다. 모두 바뀌려면 시간이 필요할 것"이라고 말했다.

전문직도 상황은 비슷하다. 과거 술 접대 위주의 영업 방식이 남아있는 탓에 여성이 적응하기란 쉽지 않다. 최영 펀비즈 대표는 "남자들은 술 먹고 형님, 동생하거나 서로 담배를 피우면서 친해지는데 여자들은 그러기 힘들다. 남자들의 영업방식을 넘어서기 어려운 부분이 적지 않다"라고 전했다. 그래도 다행인 것은 보수적인 제약 영업조차 변화의 바람에 휩쓸리고 있다는 점이다. 국내 제약사의 경우 보통 전체 영업맨의 10% 안팎이 여성으로 채워졌다. 비율상으로는 높지 않지만 변화가 시작된 것만은 분명하다. 한 제약사 관계자는 "보수적인 제약업계 특성상 남자 영업사원이 대다수를 차지했지만 최근 들어 섬세하고 감성적인 면을 무기로 여자 영업사원 비율이 점차 늘고 있다"라고 했다.

견고한 편견의 벽을 어떻게 깰까

요즘은 시대가 달라졌다. 아직 여성에 대한 서슬 퍼런 편견이 존재하는 분야도 있지만 일부는 "그땐 그랬지~"라면서 웃어넘긴다. 이런 분야를 보면 어떻게 해야 견고한 편견의 벽을 깰 수 있는지 해답이 보인다.

과거 여의사를 거부했던 때가 있었다. 환자가 여의사는 못 미덥다고 남의사에게만 진료를 받겠다고 한 경우다. 환자뿐만 아니라 같은 의사 조직 내에서도 여의사를 '배척'했었다. 성형외과, 이비인후과 등 메스(수술용 칼)를 드는 과는 여성 레지던트를 받지 않았다고 한다. 그러나 지금은 이런 과의 절반이 여성이다. 의과대학 입학생 중 여학생 비율이 점차 늘면서 일어난 변화다. 의사 출신인 양윤선 메디포스트 대표는 "최근 의대의 여학생 비율이 60%를 넘는다. 사회적인 인식 전환과 맞물려 다수가 몰리면 여성에 대한 인식이 바뀔 수밖에 없다"라고 말했다. 결국 '수'와 '능력'으로 이기면 된다는 얘기다.

이은정 여성벤처협회장도 같은 이야기를 꺼냈다. '스타 기업'이 나와야 여성 기업에 대한 인식이 바뀔 것이라고 했다. 피겨선수 김연아가 여자라는 꼬리표를 떼고 '김연아 그 자체로' 능력을 인정받은 것처럼 말이다. 이 회장은 "잘하는 여성 스타 기업들이 코넥스에서 코스닥으로 가고, 코스피도 가고 하는 성공 사례가 연달아 나오면 자연스럽게 여성 기업에 대한 인식이 바뀔 것"이라고 강조했다.

아울러 남성과 어깨를 견주려 일부러 스스로를 남성화시킬 필요는 없다고 입을 모았다. 남성과 여성의 차이를 인정하고 되레 여성만의 강점을 살려 경쟁력을 키우고 편견을 뛰어넘으라는 것이다. 대신 '여자라서 못한다'라는 나약한 생각은 스스로 버려야 한다. 박혜린 옴니시스템 회장은 말했다. "직장생활 내내 여성의 틀을 계속해서 깨야 성공할 수 있다." 이경옥 동구제약 회장은 "남자와 똑같이 경쟁하려 하기보다 여성 특유의 부드러움을 부각하는 것이 오히려 경쟁력이 될 수 있다"라고 조언했다.

승진
진급 앞에만 서면 갑돌이와 을순이

—
4
—

#1. 1994년 A그룹 대졸 공채로 입사한 임인경(가명, 40세) 씨. 첫 여성 팀장 등의 타이틀을 따며 주목을 받아왔다. 하지만 현재 직급은 차장. 남자 동기들은 대부분 부장이다. 업무 능력은 남자 동기들보다 좋지만 여성이라는 이유로 승진에서 밀렸다는 게 주변 평가다. 그는 "이런저런 얘기가 있지만 남자 동기들에게 인사에서 밀린 것은 사실"이라고 씁쓸해했다.

#2. 건설사에 근무 중인 직장인 박수진(가명, 33세) 씨는 지난해 말 해외 파견근무를 지원했다가 남자 동기에 밀려 자리를 내줬다. 이 회사는 순환배치가 원칙인데 단지 여자라는 이유만으로 밀린 것이다. 주변에서는 "여자가 오지에 어떻게 가겠어", "남자 직원들이랑 문제없이 지낼 수 있겠나" 등의 얘기를 숨기지 않았다. 박 씨는 "남

자 동기는 돌아오면 인사고과가 좋아 승진할 텐데…"라며 한숨을 내쉬었다.

평소에는 잘 보이지 않지만 결정적인 순간에 여성들의 사회 진출을 막는 벽. 우리는 그것을 가리켜 유리천장이라 부른다. 미국 경제주간지 〈월스트리트 저널〉이 1980년대에 만들어낸 이 용어는 현재까지도 여성차별 이야기가 나올 때마다 언급된다. 우리가 그 존재를 인식한 지 30년이 지났지만 여전히 유리천장은 깨지지 않은 채 견고함을 유지하고 있다는 뜻이다.

취업자 수는 많은데
임원·CEO 적다

여성들은 여전히 취업시장에서 다수를 차지하고 있다. 통계청에 따르면 2013년 여성의 경제활동참가율은 전년 대비 소폭 증가한 50.2%를 기록했다. 15세 이상 여성 인구(2151만 3000명) 중 1080만 2000명이 경제활동에 참가하고 있는 것이다. 고용률은 48.8%에 달했으며, 지난해 증가한 전체 취업자 수 38만 6000명 가운데 여성이 20만 명으로 남자(18만 8000명)보다 많았다.

하지만 윗선으로 올라갈수록 여성의 존재는 희미해진다. 유리천장으로 인해 승진에서 언제나 밀려나고 있기 때문이다. 취업포털 사람인이 여성 직장인 326명을 조사한 결과 49.1%가 '유리천장이 있다'라고 답했다. 직속 상사 비율도 남성이 72.7%로 여성(27.3%)보다 3

배 많다. 지난 2012년 고용노동부에 따르면 종사자 500인 이상 기업 중 여성 관리자 비율은 16.09%에 불과하며, 여성 관리자가 한 명도 없는 사업장도 361곳이나 되는 것으로 조사됐다. 기업의 79%가 '남녀 간 직무능력 차이가 없다'라고 평가하면서도 실제로는 정반대 결과가 나오는 것이다.

이렇다 보니 통계청 조사에서 2012년 기준 여성 임금은 월 165만 4000원으로 남성 임금 월 256만 9000원의 64% 수준에 그쳤다. 이은정 한국맥널티 회장은 "승진에서 밀리다 보니 임금에서도 차이가 나는 구조가 고착화될 수밖에 없다. 같은 일을 해도 여성이 더 적은 임금을 받는 것은 불공평하다"라고 말했다.

여성들이 동등한 조건을 갖췄음에도 승진에서 남성들에게 밀리다 보니 한국 사회에서 여성이 임원이 되는 것은 그야말로 하늘의 별따기다. 미국의 기업지배구조 분석업체 GMI레이팅스에 따르면 2014년 3월 말 기준으로 한국 기업의 여성 임원 비율은 1.9%로 나타났다. 이는 45개 조사 대상국가 중 모로코(0%), 일본(1.1%)에 이어 낮은 수준으로 선진국 평균인 11.8%보다 10%포인트가량 낮고, 신흥국 평균인 7.4%에도 크게 못 미쳤다. 한국이 OECD 국가 중 여성이 출세하기 제일 어려운 나라임을 보여주는 것이다.

유리천장 생기는 이유도
가지가지

유리천장이란 제도적으로 정해진 것이 아니라 기업 인사권을 쥔 남성들의 뿌리 깊은 차별의식에서 비롯돼 굳어진 만큼, 유리천장을 만들 다양한 구실이 존재한다. 앞에서 언급된 박 씨와 임 씨의 사례처럼 교묘하게 인사고과에서 밀리는 경우가 있는가 하면, 출산·육아 등 여성들이 피해가기 힘든 통과의례도 차별의 구실이 된다.

직장인 김희정(가명, 36세) 씨는 2014년 1월 인사에서 승진하지 못한 게 아직도 분하고 억울하다. 남자 동기들은 모두 차장으로 승진했는데 자신만 누락된 것이다. "인사평가 기간 중 자리에 없었다"라는 게 회사의 설명이었다. 김 씨는 2013년 9월부터 11월까지 출산휴가를 떠나 12월 복귀했다. 육아휴직은 쓸 엄두도 못 냈다. 그럼에도 법적으로 보장된 최소한의 휴가를 다녀온 것이 승진의 발목을 잡은 것이다. 회사 인사 관계자에게 여러 번 항의했지만 이미 엎질러진 물이었다.

유리천장은 10~20년차 직장인뿐 아니라 사회 초년생들에게도 존재한다. 이민정(가명, 27세) 씨는 작은 중소기업에 입사했다가 황당한 경우를 겪었다. 대표는 이 씨를 일반 사원으로 둔 채 허드렛일을 맡기고, 그보다 2개월 늦게 입사한 남자 직원에게는 대리 직함을 달아주었다. 이 씨가 보는 앞에서 그를 "본격적으로 키워주겠다"라고 호언장담하기까지 했다. 같은 대졸에 비슷한 스펙임에도 그저 여자라는 이유만으로 차별을 받고 있는 것이다.

유리천장 깨지려면
남성 중심 문화 없어져야

유리천장이 깨지기 위해선 남성 중심 조직문화가 없어져야 한다고 여성들은 입을 모은다. 잦은 회식과 상명하복의 경직된 위계질서 등 겉으로 드러나는 모습은 물론 고착화된 인식도 바뀌어야 여성 리더가 성장할 수 있다는 것이다.

　이은정 한국맥널티 회장은 "골프 선수 박세리의 성공을 보고 박세리 키즈가 생긴 것처럼 여성 경제인을 이끌 여성 임원이 탄생하려면 먼저 남성들과 동등하게 경쟁할 수 있는 환경이 조성돼야 한다. 남성 중심 문화에 익숙해진 여성들도 스스로 '여기까지가 한계'라고 선을 긋지 말고 더욱 적극적으로 행동해 문화를 바꾸려고 노력해야 한다"라고 말했다.

　여기에 남녀 모두 노력해야 할 가사와 양육을 여성의 일로만 특정하는 것도 문제다. 한 중소기업 인사 관계자는 "여성들은 양육을 위해 회사를 그만둘 수밖에 없으니 대신 남성이 일에 집중해야 한다는 인식이 승진 차별을 부른다. 주요 직위라면 더욱 기혼여성보다 남성을 올리려고 한다"라고 말했다.

회식문화
출근보다 술勤이 더 긴장

5

한 중견 제조업체에 다니는 이수영(가명) 씨는 2년차에 똑 부러지게 일 잘하는 직원으로 손꼽힌다. 업무에 적극적으로 임하는 것은 물론 회사 행사에도 빠지지 않고 참석한다. 하지만 그도 1개월에 한 번 꼴로 열리는 회식은 달갑지 않다. 신입사원 환영 회식 때의 트라우마 때문이다. 이 씨는 2013년 초 회사 인근 식당에서 열린 환영회식에서 낯 뜨거운 경험을 했다. 폭탄주 몇 잔 돌고 분위기가 무르익을 때쯤 건배사가 돌기 시작했다. 한 임원이 신입사원들의 입사를 환영한다며 술김에 외친 말이 "영계가 좋다!"였다. 이 씨를 더욱 당황하게 한 건 '영계'라는 두 음절에 당황한 표정을 지은 자신과 달리 별 반응을 보이지 않고 "위하여!"를 외치는 남자 선배와 동기들. 건배사 이후 아슬아슬한 음담패설도 나왔다. 그는 "술을 마시다 보면 간혹 러브샷이나 술을 따라보라는 식의 모호한 성희롱 상황이 발생하는데, 그때마다 거절하면 유별나다는 소리를 들을까 염려되어 참는다"라고 토로했다.

이직을 준비 중인 박현주(가명) 씨도 2013년 말 제주도에서 진행한 해외 마케팅 전략 세미나만 생각하면 끔찍하다. 당시 여직원 대표로 꼽힌 박 씨는 해외 법인장, 해외 영업 책임자 등 9명과 함께 2박3일 일정으로 마케팅 세미나를 진행했다. 문제는 세미나 후 이어진 뒤풀이 행사였다. 제주도의 한 성(性)박물관 관광 프로그램이 뒤풀이로 잡혔다는 얘기에 애초 박 씨는 불참의사를 밝혔지만 통하지 않았다. 단체가 함께해야 하는 행사에 "혼자 튀지 마라" 하는 경고가 있었기 때문이다. 박 씨는 "박물관에 도착해 주차장에서 기다리겠다고 했더니 '미혼여성일수록 알아야 한다'라며 한 상무가 끌고 갔다. 당황스러운 조각품이 너무 많아 기분이 나빴다"라고 말했다.

여성 직장인 중 상당수가 회식 자리에서 이 같은 일을 한두 번씩 경험했다고 한다. 그렇다 보니 회식은 여성 직장인들에게 극복해야 할 유리천장과도 같다. 최근 들어 회식문화가 영화 관람이나 레포츠 행사 등으로 다양화되고 있다고 해도 말이다. 여성 직장인들은 기본적으로 회식 자체가 업무의 연장으로 인식되다 보니 업무 외 개인시간을 투자해야 한다는 것 자체가 부담스럽다고 입을 모은다. 여전히 '부어라 마셔라'가 대세인 술 중심의 회식문화 자체도 곤혹스러운 대목이다. 일부 여직원들은 주량에 상관없이 일사불란하게 마시는 회식자리가 상사의 지시에 참고 수긍하는 군대문화와 비슷하다는 분석도 한다.

달갑지는 않지만
필요한 존재 회식

문제는 반갑지 않은 회식일지라도 번번이 마다하기 쉽지 않다는 데 있다. 선약이나 육아 등의 집안일을 들어 거절했다가는 이른바 찍힐 수 있기 때문이다. 국내 한 증권사의 여성 애널리스트는 "갑작스럽게 회식이 잡혀도 분위기를 망칠까 불참의사를 적극적으로 표현하기 힘들다. 회식 자리에서 오가는 정보에서 배제될 수도 있고 해서 어쩔 수 없이 참석하는 편"이라고 말했다. 한 제약회사 여직원도 "예고된 회식이라면 당연히 참석하지만 부서장이 별일 없으면 저녁 먹자고 할 경우가 제일 난감하다. 그렇다고 참석하지 않을 경우 '여자들은 개인적이다', '조직에 잘 적응하지 못한다' 등의 뒷담화가 나올 수 있어 울며 겨자 먹기로 참석한다"라며 답답해 했다.

회식이 조직원 간 소통을 돕는 데 긍정적인 역할을 한다는 점도 회식을 마냥 거부할 수 없는 이유다. 2012년 국내 10개 대기업 임직원 2790명을 대상으로 조사한 '대기업 여성관리자 양성을 위한 조직문화와 리더십 연구' 설문조사에 따르면 회식의 필요성에 대해 남성은 69.1%가, 여성은 48.6%가 긍정적으로 답했다. 남녀 간 차이가 있지만 여성 직장인 절반 가까이가 회식 필요성을 공감하는 셈이다. 양윤선 메디포스트 대표는 "어떤 종류의 회식이든 부서원끼리 가까워지게 하는 효과는 분명히 있다. 술자리가 싫다고 빠지지 말고 참석은 하는 편이 낫다"라고 조언했다.

하지만 과하면 독이 되는 법. 잦은 회식은 여성은 물론 남성 직장인들도 꺼리는 게 사실이다. 예고 없는 회식을 강요받거나 지나친 음주가 동반되면 자기계발이나 재충전할 수 있는 시간을 빼앗기기 때문이다.

특히 2차, 3차로 이어지는 회식문화는 일과 개인 삶의 균형을 해치는 주요 원인이자 성희롱이나 성추행 등의 사고 가능성도 높이는 요인이다. 2013년 세간을 떠들썩하게 했던 윤창중 전 청와대 대변인의 성추행 의혹 논란도 시작점은 술을 마시는 뒤풀이 회식이었다. 잊을 만하면 터지는 유명인사들의 건배사 사고도 비슷한 경우다.

술잔 돌리지 않는 건전한 회식문화 정착돼야

최근 대기업을 중심으로 '119(한 가지 술로 1차에서 오후 9시 전에 끝내자)', '112(한 종류의 술로 1차만 2시간 이내로 하자)' 등의 절주 캠페인이 확산되는 것도 회식의 이 같은 폐해를 최소화시키겠다는 의도에서다. 전국경제인연합회가 2013년 말 윤리경영임원협의회 회원기업 78개 사를 대상으로 설문조사한 결과 응답기업의 60%는 건전한 회식문화를 조성하기 위해 사내 캠페인을 실시 중인 것으로 나타났다.

권선주 IBK기업은행 행장은 "조직 생활에서 회식이 주는 긍정적인 요인이 분명 존재하는 만큼 회식 자체를 없앨 수는 없다. 대신 술잔 돌리는 문화나 원샷 문화를 없애는 식의 건전한 회식문화를 만들어야 한다"라고 강조했다.

회식에 대한 여성들의 시각을 바꿔야 한다는 주문도 있다. 홍의숙 인코칭 대표는 "업무 외 개인시간을 투자해야 한다는 점을 부담스러워해 회식이 있는 날은 업무를 30분 앞당겨 끝내고 2시간 이내에 회식을 진행하고 있다. 회사가 직원들을 위해 업무시간을 배려하는 만큼 여성들도 무조건 꺼리기보다는 업무의 연장으로 생각하며 참석할 필요가 있다"라고 말했다.

미혼, 미모 선호
이력서에 기혼이라 쓰면 불이익으로 되돌아와

6

#1. "결혼하셨는데 아직 아이가 없네요. 언제쯤 낳으실 건가요?" 결혼 3년차인 이나영(가명, 34세) 씨는 경력직으로 이직하려 면접을 봤다가 면접관의 한마디에 눈살이 찌푸려졌다. "아직 계획이 없습니다"라고 답하자 또 다른 면접관이 "그래도 나이가 있으니 곧 낳을 것 아니에요?" 하고 물어왔다. 이 씨는 면접 내내 불쾌함을 떨쳐낼 수 없었고, 결국 면접 문턱을 넘지 못해 이직에도 실패했다. 이 씨는 "기혼자라 꺼려진다면 면접장에 부르지나 말았으면 한다"라고 불만을 토로했다.

#2. 서른을 앞두고 취업을 준비 중인 김현지(가명, 29세) 씨는 면접 때마다 남자친구가 있다는 사실을 숨긴다. 사실을 인정하는 순간 바로 "결혼은 언제 할 계획인가?"라는 질문이 나올 것이 뻔하기 때문이다.

내가 걸어온 그곳이
길이 되더라

20대 중반까지만 해도 대놓고 언급하는 면접관은 없었지만 최근 1~2년 새 이런 말을 자주 듣는 것이 김 씨는 못내 서럽다. 김 씨는 "졸업하고 나서 바로 정규직으로 취업했더라면 이런 일은 없었을 것"이라며 한숨을 내쉬었다.

'용모단정 미혼여성'. 몇 년 전까지 우리나라 채용공고에 단골로 등장했던 문구다. 워낙 광범위하게 쓰여 마치 사자성어처럼 느껴졌던 이 8글자는 노동부가 2007년부터 대대적인 단속을 시작하면서 채용공고에서 사라지기 시작했다. 이제는 대놓고 용모단정한 미혼여성을 찾는 '간 큰' 기업은 찾아볼 수 없다. 하지만 여전히 많은 기혼·미혼여성들이 취업 현장에서 8글자의 족쇄에 묶여 있다.

취업시장
미혼 선호 뿌리 깊어

최근 첫 딸의 돌잔치를 치른 박수연(가명, 31세) 씨는 차라리 나영 씨처럼 면접에 참석하라는 연락이라도 받아보는 게 소원이다. 사무직으로 일했던 경력을 살려 여기저기 이력서를 보냈지만 매번 서류 과정에서 퇴짜를 맞기 일쑤다. 박 씨는 "채용공고에 미혼여성이라는 조건이 없다고 해서 실제로도 없다고 생각하면 오산이다. 갓난아이를 둔 기혼자는 재취업이 사실상 불가능하다"라고 푸념했다.

육아를 위해 회사를 그만뒀다 다시 취업시장에 뛰어든 여성들은 박 씨 같은 고민을 한 번쯤 하게 마련이다. '조건제한 없음'이라는 공고에 기대를 걸고 서류를 내보지만 현실의 벽은 생각보다 높다. 기업이 맘만 먹으면 얼마든지 기혼자를 걸러낼 수 있기 때문이다. 외국과 달리 국내는 이력뿐만 아니라 가족관계까지 모두 이력서에 기재해야 하는 문화를 갖고 있어 회사가 마음만 먹으면 기혼자를 얼마든지 배제할 수 있는 구조다.

성차별적 채용광고도 몇 년 새 좀처럼 줄어들지 않고 있다. 노동부에 따르면 표본집단(기업 8000곳)을 정해 채용광고에 성차별적 내용이 포함됐는지 조사한 결과 2010년 3.4%에 불과했던 비중이 2011년 5.6%, 2012년 4.7%, 지난해 5.7%로 오히려 증가하는 추세를 보였다. 대형 온라인 취업 포털에서 '용모단정 미혼여성'으로 검색하면 여전히 많은 채용공고가 검색된다. 채용조건 제한은 걸지 않았지만 우대 사항에 미혼여성을 추가해 사실상 기혼자를 배제하는 경우도 종종 볼 수 있다. 기업들이 교묘하게 정부 규제를 피해가고 있는 것이다.

이 같은 미혼 우대는 국내 노동시장의 큰 문제로 지적되는 경력단절 여성의 증가를 부추길 수 있다는 우려다. 윤정혜 한국고용정보원 책임연구원은 '자녀보육방법과 기혼여성의 노동시장 참가' 보고서에서 "결혼 연령기인 29세 이전까지 고용률이 지속적으로 상승하다 출산·육아기인 30~34세에 최저점으로 하락하면서 경력단절로 이어지고 있다. 경력단절 이후 진입할 수 있는 일자리의 질 또한 낮아 인적자본의 투자 낭비가 심각하다"라고 지적했다.

미모의 미혼여성만 대접받는다?

미혼여성을 우대하는 분위기 때문에 괴로운 것은 기혼여성뿐만이 아니다. 미혼여성을 우대한다지만 동등한 파트너가 아닌 '직장의 꽃' 정도로 여기는 시선에 모멸감을 느끼는 일이 적지 않다.

미혼인 임수현(가명, 33세) 씨는 최근 이직 과정에서 본 단체 면접에서 면접관의 태도에 크게 실망했다. 임 씨에게 직무 내용을 묻기보다는 "미인이다"라며 칭찬하기에 바빴기 때문이다. 지인들에게 미인이라는 말을 들을 때마다 기분이 좋았던 임 씨였지만 면접장에서 혼자만 칭찬을 들으니 민망하기 짝이 없었다. 임 씨는 "직무능력과 용모가 대체 무슨 상관이 있는지 이해가 되지 않았고 오히려 불쾌하기만 했다. 적지 않은 인사담당자들이 '여자는 얼굴만 예쁘면 그만'이라는 생각을 갖고 있는 것 같다"라고 꼬집었다.

직장에서 여성들의 용모를 두고 농담하거나 성희롱하는 사례도 비일비재하다. 국가인권위원회에 접수된 성희롱 진정건수는 2009년 166건에서 2010년 210건, 2011년과 2012년 각 216건으로 증가했다. 취업포털 사람인이 2013년 여성 직장인 1036명에게 조사한 바에 따르면 33.6%가 성희롱을 당한 경험이 있다고 답했다. 그중에서도 성적인 농담(복수응답, 63.5%), 외모·몸매 비하 발언(32.8%) 등이 높은 비중을 차지했다.

기혼 여성들
능력·책임감 인정해야

우리 사회 깊이 뿌리박힌 미혼 선호현상을 고치기 위해서는 여성 직원을 짐이나 꽃이 아닌 '파트너'로 인정해야 한다는 지적이다. 이희자 루펜리 대표는 "많은 기업들이 기혼여성은 육아와 가사 때문에 미혼여성보다 경쟁력이 떨어질 것이라고 생각하는데 큰 오산이다. 아이를 길러야 하는 기혼여성들이 미혼보다 가장으로서의 책임감이 더 강하다는 것을 간과해선 안된다"라고 말했다.

박현주 엠큐릭스 대표는 기혼여성 고용을 중소기업들이 기피하는 데는 구조적 이유가 있다며 정부의 육아 지원이 강화돼야 한다고 촉구했다. 박 대표는 "대기업의 경우 인력 여유가 많아 한 사람이 빠져도 자리를 메울 사람이 있지만 중소기업은 여유가 적어 장기간 육아 휴직을 제공하는 것이 부담스럽다. 국가가 어린이집을 늘리고 기업 어린이집에 대한 지원을 늘려 걱정 없이 아이를 기를 수 있는 환경을 조성하는 것이 급선무다"라고 지적했다.

성희롱
신고했더니 꽃뱀으로 낙인 찍는 회사

7

#1. 공기업에 다니는 A 씨는 2013년 차장과 단 둘이 해외 교육에 참가했다 성추행을 당했다. 회사 측은 해외 교육 직후 두 사람 모두 해고했다. 가해자의 경우 A 씨에 대한 성희롱이 해고 사유였고, A 씨는 3주 일정 가운데 2주가량이 개인적인 일정이었다는 이유였다. 사내에서는 "A 씨가 해외 교육 징계를 성추행건으로 무마하려고 한다", "유혹해서 돈을 요구했다" 등의 유언비어가 돌았다. A 씨는 정신과 치료를 받았다. 국가인권위원회에 부당해고 진정을 넣은 끝에 복직됐지만 여전히 따가운 시선을 견디고 있다. '가정 파괴범'이라는 꼬리표까지 따라다닌다.

#2. P 씨(30세)는 지난해 여름 외근 중에 직장상사에게 성폭행을 당한 뒤 두 달 만에 스스로 사표를 썼다. 성폭행 직후 경찰에 신고하면

서 가해자가 해고됐고 사건은 일단락되는 듯했다. 하지만 가해자는 해고 뒤에도 프리랜서로 자택근무하다 두 달 만에 다시 복직됐다. "함께 근무할 수 없다"라는 P 씨의 항의는 "회사 밖에서 일어난 일인 만큼 피해자가 감당해야 한다"라며 받아들여지지 않았다. 회사 측에선 P 씨가 가해자 얼굴을 마주하기 무서워 사직 의사를 밝힌 뒤 출근하지 않은 기간을 무단결근으로 처리해 연차수당까지 깎았다.

성폭력에 시달린 여성 직장인들이 일터 밖으로 내몰리고 있다. 성범죄로 인한 정신적 충격에서 벗어나기도 전에 각종 흉흉한 소문과 사내 왕따를 견디지 못하고 스스로 직장을 떠나거나 부당하게 해고 통보까지 받는 것이다. 하늘의 별따기보다 어렵다는 취업문을 뚫고 직장에 입성한 여성들은 남성 동료의 무자비한 성폭력으로 인해 직장생활에 좌절을 겪고 있다.

직장여성 고민
절반이 성희롱

여성의 사회 진출이 활발해지면서 직장 내 성희롱 사례도 늘고 있다. 여성민우회가 최근 펴낸 「2013년 상담사례집」을 보면 지난해 전체 상담건수 394건 가운데 성희롱 관련 상담은 222건(56.3%)을 차지했다. 2012년 성희롱 상담비율 44.64%(125건)보다 12%나 증가한 것이다. 성희롱 상담건수는 2010년 187건에서 2011년 86건으로 대폭 줄었다가 2012년부터 다시 증가하는 추세다. 노동부에 접수된 성희롱 신고건수도 2012년 249건에서 지난해 379건으로 늘었다. 여성의 사회참여가 늘고 사회적 지위가 향상되면서 직장 내 성희롱을 범죄로 여기는 사회 분위기가 확산된 측면도 작용했다.

문제는 성희롱 사건을 신고한 여성들이 2차 피해에 시달린다는 것이다. 특히 직장 내 성희롱에 대한 처벌 규정이 강화되면서 성희롱 피해자들은 교묘한 수법으로 직장에서 잘려나가고 있다.

2014년 2월 논란이 된 '르노삼성 성희롱 사건'이 대표적이다. SBS 시사프로그램 「현장21」을 통해 전파를 탄 이 사건은 르노삼성의 부당한 성희롱 처리 과정이 드러나면서 네티즌들의 공분을 사고 있다. 10년차 과장인 30대 중반의 김정미(가명) 씨는 1년간 팀장의 성희롱에 시달리다 신고한 뒤 오히려 징계를 받았다. 가해자인 팀장은 2주 정직이라는 솜방망이 처벌에 그친 반면, 피해자인 김 씨와 신고를 도운 여성 동료는 대기발령과 함께 회사로부터 기밀유출 혐의로 고소까지 당했다. 김 씨는 성희롱 신고 이후 '꽃뱀'이라는 루머로 시달렸다. 성희롱 사건 후 발생할 수 있는 최악의 상황이 총망라된 경우다.

현행법에선 직장 내 성희롱 피해자에 대한 불이익 처분을 엄격히 금지하고 있다. '남녀고용평등과일가정양립지원에관한법(남녀고용평등법)'에 따르면 성희롱 피해자에게 고용상 불이익을 줄 경우 3년 이하의 징역이나 2000만 원 이하의 벌금에 처하도록 했다. 현재 직장 내 성희롱과 관련해 처벌 수위가 가장 높다. 하지만 르노삼성의 경우처럼 엉뚱한 트집을 잡아 부당한 징계를 하는 비율은 상당하다. 민우회 성희롱 상담사례 가운데 35.9%(79건)가 불이익 조치를 호소했다. 고용노동부 관계자는 "사업주가 남녀고용평등법을 악용하는 맹점이 있다. 근태 등 다른 이유로 징계할 경우 부당징계를 밝혀내기 어렵다"라고 말했다.

성희롱 피해자가 직장에서 못 버티는 또 다른 이유는 가해자를 감싸는 사내 분위기다. 성희롱은 주로 직장 내 중견간부에 의한 것으로서, 여성 신입사원이나 계약직 여사원 등 약자가 표적이 된다. 성희롱이 권력관계에서 이뤄지는 만큼 이를 거부하기도 어렵지만 밝히게 될 경우 껄끄러운 직장생활을 견뎌야 한다. 특히 직장 동료들은 피해자보다 더 오래 알고 지낸 가해자를 두둔하거나 피해자를 비난하는 소문을 유포하는 등 피해자를 왕따 시켜 피해자를 구석으로 몰리게 하는 사례가 많다.

여성 임원 늘면
성희롱도 줄어

성희롱의 2차 피해를 막기 위해서는 사회적 인식이 바뀌는 것이 중요하다는 것이 전문가들의 의견이다. 실제 외국에서는 성희롱 사건이 발생하면 해당 기업의 이미지가 추락해 매출이 직격탄을 맞는 만큼 성희롱 사건에 민감하게 대응한다. 2010년 미국의 컴퓨터 제조업체 휴렛팩커드(HP)의 최고경영자(CEO) 마크 하더도 과거 하도급 업자가 자신과 회사를 상대로 성희롱 의혹을 제기하고 조사가 진행되자

CEO 자리에서 물러났다. 외국계 기업인 한국존슨앤존슨의 황영미 상무는 "개인의 존엄성과 도덕성을 특히 강조하는 기업문화라 성희롱에 대한 문의조차 없다. 성희롱 교육과 별도로 매년 시행되는 문화 교육이 (성희롱을 막는 데) 큰 도움이 된 것 같다"라고 말했다.

반면 우리나라는 성희롱에 대한 처벌이 관대하다. 몇 년 전 '여대생 성희롱' 파문을 일으켰던 강용석 전 국회의원은 의혹 제기 직후 소속 한나라당(현 새누리당)에서는 제명됐지만 18대 국회 임기를 끝까지 채웠다. 현재는 케이블방송에서 종횡무진하며 제2의 인생 황금기를 맞고 있다. 2013년 5월 박근혜 대통령의 미국 순방 도중 인턴 직원을 성희롱한 윤창중 전 청와대 대변인은 사건 직후 사퇴하긴 했지만, 대통령 순방 중 성희롱이라는 전대미문의 국제적 망신을 초래한 것이 직접적인 낙마 이유였다.

무엇보다 여성 임원이 대폭 늘어나야 한다는 지적이다. 여성 대표가 이끄는 회사의 경우 성희롱 사건도 적을뿐더러 가해자에 대한 처벌도 엄격하게 이뤄질 수 있기 때문이다. 디지털 콘텐츠 보안 솔루션 전문 업체 디지캡의 이도희 대표는 "성희롱이라는 것이 권력관계 아래에서 이뤄지는 만큼 직장에 많은 여성 상사들이 채용되면 나아질 것"이라고 말했다.

연애
남친 있어도 없다고 말하는 그녀의 속사정

―
8
―

#1. 중견기업에 근무하는 30대 초반의 여직원 L 씨는 업무상 연관 있는 사람들에게 자신의 연애 사실을 굳이 알리지 않고 있다. 회사 특성상 거래처에 남자 직원이 많은데 "남자친구가 있다"라고 얘기할 때와 그렇지 않을 때의 반응이 달라지기 때문이다. 남자친구가 없다고 할 때는 대부분의 남자들이 호의적으로 이것저것 해주려고 했지만, 있다고 하면 호의적인 반응이 줄어드는 경험이 많다. 그는 회사 내부에서도 친하지 않은 직원들에게는 남자친구가 없다고 얘기한다. 남자친구가 있다고 하면 애인의 직업은 무엇인지, 언제 결혼할 것인지 등 탐정처럼 캐묻고는 해서다. 연애에 관해 자세한 이야기를 했다가 헤어지고 난 뒤 곤혹스러웠던 경험도 있다.

#2. 공공기관에서 일하는 30대 중반의 여직원 K 씨는 최근 한 여성

동료로부터 "남직원 C 씨가 팀 회식 자리에서 너랑 잤다고 이야기를 했고, 그게 소문이 돌아서 사내 직원 상당수가 수군대고 있다"라고 하는 말을 들었다. K 씨는 C의 얘기가 사실이 아니며 그동안 C는 지속적으로 술만 먹으면 전화를 걸어와 난처하게 만들었다는 사실을 밝혔다. 피해자는 자신인데 가십거리가 됐다는 사실에 K 씨는 너무 불쾌했다. 그는 사내고충처리위원회에 성희롱 진정을 접수했는데, 얼마 후 되레 C 씨가 K 씨와 동료를 명예훼손으로 고소했다. K 씨는 C 씨에게 맞고소로 대응할 생각이지만 직장 동료들의 수군거림을 견딜 수 있을지는 자신이 없다.

여성의 사랑은 직장을 다니면서도 큰 고민거리다. 남성들은 직장에서 자신의 연애를 당당하게 털어놓지만 여성들은 조심스러운 점이 많다. 대놓고 연애담을 이야기했다가는 삐딱한 시선을 견뎌야 하기 일쑤다. 여자들은 항상 조신하고 연애에 방어적이어야 한다는 고지식한 시각도 잔존한다. 증권가 찌라시에서 여자 연예인들의 열애설이 주된 내용인 것만 봐도 우리나라가 얼마나 보수적인지를 알 수 있다.

사내연애도
여성 직장인들에게는 큰 고민

직장 남성 동료들의 적극적인 구애도 부담스럽다. 동료의 사랑 고백을 무심코 받아들이기가 조심스러운 측면이 많기 때문이다. 자칫 헤어지기라도 하면 회사에서 얼굴 마주치기가 민망할 것이 분명하다. 사람들의 시선이 남자보다 여자인 자신에게 더 쏠리게 될 것도 우려스럽다.

최근 한 포털사이트가 직장인들을 대상으로 한 설문조사에 따르면, 사내연애를 한다면 절대 공개하지 않겠다는 의견이 40%가 넘었다. 극소수 친한 이들에게만 알리겠다는 의견도 40%나 됐다. 사내연애 공개를 꺼리는 이유로는 '사귀다 헤어지면 같이 근무하기 힘들 것 같다', '보여주고 싶지 않은 모습도 상대방이 볼 수 있다'라는 답이 주류를 이뤘다. 주목할 점은 사내연애를 하다가 헤어지게 된다면 직장을 옮기겠다고 답한 남성 직장인은 3%에 불과한 반면, 여성 직장인은 6%를 기록했다. 여성이 남성보다 사내연애에 더 큰 부담을 가지고 있다는 증거다.

실제로 게임 회사에 다니는 P 씨는 얼마 전 사내연애를 시작했는데, 하필 상대방 남자가 소문난 카사노바였다. P 씨가 카사노바와 사귀게 되면서 이상한 소문이 퍼졌다. "참하고 성실한 애가 왜 저런 애를 사귀는지 모르겠다. 뒤로 호박씨 까고 다녔다", "아마 쟤(카사노바)보다 얘(P 씨)가 더 날라리일 거다." 결국 P 씨는 남자친구와 헤어지고 직장을 그만둘지 심각하게 고민 중이다.

국내 한 조선소에 근무하는 여직원 Y 씨도 공개적으로 사내연애 중인데 직장상사가 유달리 본인한테만 짓궂은 농담을 던져 스트레스를 받고 있다. "남자친구랑 끝까지 가봤냐?"라는 등 성희롱 발언을 서슴지 않는 것이다. 그때마다 Y 씨는 문제를 제기했지만 상사의 반응은 더욱 기가 막혔다. 자기는 아는 사람이 많아서 신고를 해도 상관없다, 아빠 같은 마음에서 하는 말인데 무슨 성희롱이냐는 둥 갖가지 변명으로 맞받아치는 것이었다. Y 씨는 이런 곳에서 계속 일을 해야 하는지 자괴감에 빠져 있다.

여성 리더들은 이 같은 시각이 시대착오적이라고 꼬집는다. 이길순 에어비타 대표는 "여자라는 이유만으로 여러 사람들로부터 축복 받아야 할 연애가 손가락질을 받는 것은 시대착오적 발상이다. 남녀 동등한 입장에서 평가받아야 한다"라고 강조했다.

돌아온 싱글일수록
더 조심스러워

이혼율이 높아지면서 주변을 살펴보면 돌아온 싱글들도 많아지고 있는 추세다. 통계청에 따르면 1990년대 초반 1000명당 1.2쌍 정도였던 이혼율은 2000년대 들어 3쌍까지 늘었다. 재혼율도 높아지고 있다. 보건사회연구원의 연구에 따르면 2011년 전체 혼인건수 중 재혼 비중은 21.37%로 1990년 10.68%에 비해 크게 증가했다.

직장 내에서도 이혼을 경험한 동료를 쉽게 찾을 수 있다. 이혼남과 이혼녀에 대한 편견은 여기에서도 차이가 나타난다. 이혼남의 경우에는 직장 동료들이 큰 관심을 갖지 않지만 이혼녀에 대해서는 지나친 관심을 숨기지 않는 것이다. 이혼 경력이 승진에 장애가 되기도 한다. 이에 따라 이혼 여성들은 직장에서 이혼 사실을 드러내지 않은 채 숨죽여 지내는 고통을 감수하고 있다.

돌싱녀인 30대 중반 B 씨도 현재 직장에서 이혼 사실을 밝히지 않고 있다. 전 직장에서 이혼 사실을 공개했는데, 이후 자신이 업무상 실수를 하면 상사가 이혼 얘기까지 꺼내면서 인신공격성 발언을 쏟아내는 통에 얼굴이 화끈거린 적이 한두 번이 아니었다. 배우자의 외도로 인해 이혼한 사실도 가슴이 아픈데 직장에서 모욕을 당하자 더 이상 일을 하고 싶은 생각이 사라졌다. 그는 새로 옮긴 직장에서는 이혼 사실을 숨기고 가정사도 되도록 말하지 않고 있다. 그는 "주변에 이혼한 사람이 있으면 회사에서는 절대 밝히지 말라고 조언하고 있다"라며 고개를 숙였다.

미혼모는 이혼녀보다 더 심한 차별대우를 받는다. 결혼도 하지 않고 아이를 가졌다는 사실이 알려지면 공적인 영역은 사라지고 사적인 호기심만 남는다. 온갖 소문이 무성해지면서 사실상 일을 하기가 불가능해진다. 한국여성정책연구원의 최근 조사에 따르면 미혼모의 95%가 임신 이후 직장을 그만두었다고 답했다. 미혼모라는 이유로 채용 과정에서 받는 불이익은 상상을 초월한다고 미혼모들은 답했다. 이은정 한국맥널티 대표는 "돌싱녀가 있으면 돌싱남도 있을 텐데 돌싱녀만 금기시하는 것은 사회적으로 큰 문제다. 임직원들부터 돌싱녀들에 대한 부정적 인식을 없애야 전체 직원들이 이성적이고 합리적인 사고를 할 수 있게 된다"라고 꼬집었다.

가사부담
맞벌이는 있어도 맞육아는 없더라

9

9세 자녀를 둔 직장맘 김가연(가명, 41세) 씨는 매일 아침 출근 전쟁을 치른다. 남편은 오전 6시 아침 식사를 하고 출근해버리면 끝이지만 김 씨는 아이 아침 식사와 준비물까지 챙겨 학교에 데려다 준 후 출근을 해야 한다. 종종 공개 수업이나 부모 상담 등으로 학교에 가야 할 일이 생기면 발을 동동거리는 것도 엄마의 몫이다. 퇴근 이후에는 또 다른 하루가 시작된다. 회사 일로 몸은 지쳤지만 저녁 식사 준비는 물론 밀린 빨래에 설거지, 아이 숙제 봐주기까지 모두 자신이 해야 한다. 남편이 하는 집안일은 주말 장보기 정도다. 김 씨는 "남편의 출근 시간이 빠르다 보니 가사분담 얘기는 꺼내지도 못한 채 포기해버렸다. 어느새 보니 남편은 퇴근이 늦거나 회식을 해도 당연하지만 나는 일이 끝나면 곧바로 집에 와서 집안일을 해야 하는 분위기가 돼버렸다"라며 한숨을 내쉬었다.

김 씨처럼 자녀 교육과 가사 부담을 홀로 떠안은 대한민국 기혼 여성들이 고통받고 있다. 과거에 비해 남편의 가사분담률이 높아졌다고는 하지만, 여전히 대다수 남편들이 집안일을 '그깟 일'로 치부하며 아내 몫으로 돌리고 있기 때문이다. 그나마 가사분담에 나선 남편들도 가사를 함께 책임질 일이 아닌 도와줄 일이라고 여기고 있는 게 현실이다. 물론 최근 들어 여성의 경제참여율이 높아지면서 대놓고 '가사는 아내 몫'이라고 얘기하는 간 큰 남편을 찾긴 힘들다. 하지만 경제협력개발기구(OECD) 사회정책국에서 발표한 「일, 돌봄, 그리고 일상 행동들에 대한 시간사용 보고서」(2014년)를 보면 우리 사회에 부부유별(夫婦有別)이란 족쇄가 여전함을 알 수 있다.

한국 남성, 집안일 분담 세계 최하위…
유급 업무량은 최고 수준

이 자료에 따르면 한국 남성의 가사노동과 돌봄노동 시간은 총 1시간 2분에 불과했다. 이는 2시간 40분 이상 가사노동과 돌봄노동을 하는 미국, 스웨덴, 독일 남성의 3분의 1 수준에 그치는 수준이다. 반면 한국 남성의 유급 노동시간은 6시간 22분으로 가장 긴 것으로 나타났다. 이와 달리 미국, 스웨덴, 독일 남성들의 유급 노동시간은 4~5시간 정도였다. OECD가 여성의 날을 맞아 공개한 국가별 시간활용 조사집계 결과도 다르지 않다. 한국 남성은 하루 중 육아와 집안일 등 무급노동에 들이는 시간이 45분으로 인도와 일본, 중국 등에 이어

최하위를 기록했다.

　사정이 이렇다 보니 우리 주변에서 회사 일은 물론 가사와 보육까지 책임지는 슈퍼맘들을 어렵지 않게 만날 수 있다. 결혼 11년차 박정연(가명, 39세) 씨는 최근 10살 딸아이에게 "결혼하면 엄마처럼 살아야 해요?"라는 씁쓸한 얘기를 들었다. 박 씨의 직업은 남편과 같은 공무원이지만 퇴근 이후 생활은 전혀 딴판이다. 박 씨는 오후 6시 30분이면 집에 도착한다. 반면 남편은 주 5일 중 4일을 야근한다. 그나마 남편이 일찍 들어오는 하루는 영어공부를 하기 바쁘다. 그렇다 보니 박 씨에게 직장 내 회식은 딴 나라 얘기다. 남편이 일찍 퇴근하는 날, 어쩌다 한번 잠깐 얼굴을 비출 수 있다.

　가사일과 함께 초등학교와 유치원을 다니는 두 아이를 챙기는 일도 모두 박 씨 몫이다. "남편은 마치 혼자 회사에 다니는 것처럼 생색을 내면서 집안일과 육아에는 거의 신경을 쓰지 않는다. 남자가 직장에서 인정을 받아야 한다면서 회사 일에만 전념해 말다툼도 많이 했지만 사고방식은 바뀌지 않더라" 하며 답답해 했다. 그는 "남편이 변하지 않으니 혼자 완벽하게 하려고 더 아등바등하며 사는 것 같다. 주변에선 '슈퍼맘 콤플렉스'를 버리라고 하지만 사실 슈퍼맘 콤플렉스가 나를 버티게 한 힘 같다"라고 토로했다.

　직장맘만 가사 부담에 신음하는 것은 아니다. 가사일을 전담하다시피 하는 전업주부의 고통도 적지 않다. 육아정책연구소 조사에 따르면 전업주부의 양육 스트레스 지표는 2.77점으로, 직장맘 2.67점보다 높았다. 우울증도 직장맘보다 0.13점 더 높은 1.95점을 보였다.

남편이 회사 일을 하는 만큼 집안일과 자녀 교육은 전적으로 전업주부가 책임져야 한다는 인식이 뿌리 깊다 보니 양육 스트레스와 우울증 정도가 직장맘보다 더 높은 것이다. 둘째가 태어난 후 회사를 그만둔 고선주(가명, 39세) 씨는 "회사에 다닐 때는 그나마 남편이 아이 목욕이나 식사를 챙겨줬는데 요즘은 모두 내가 다 하고 있다. 하루 꼬박 집안일과 육아에 쉴 틈이 없다 보니 회사 다닐 때보다 더 피곤하다"라며 힘들어 했다. 그는 "회사를 그만둘 때만 해도 둘째가 유치원에 들어갈 때쯤 재취업을 할 생각이었다. 그런데 올해 둘째가 유치원에 들어갔지만 가사일에 몸도 정신도 지치다 보니 재취업이란 단어 자체가 사치같이 느껴진다"라고 덧붙였다.

가사는 공동 책임…
가족친화적 문화 조성 필요

2014년 대한민국을 살아가는 기혼 여성이 가사 고통에서 벗어나기는 쉬운 일이 아니다. 전문가들은 가사를 도와줘야 할 일이 아닌 공동 책임질 의무로 인식을 바꿔야 한다고 조언한다. 사회 전반으로 가족 친화적인 문화를 조성하기 위해서는 장시간 근로 관행도 개선돼야 한다. 김금자 롤팩 대표는 "우리나라의 육아나 여성정책이 다른 나라에 비해 그렇게 뒤지지 않는다. 그러나 제도와 현실 인식과의 괴리가 큰 게 문제"라고 지적했다. 그는 "장시간 근로 관행을 개선하고 정시퇴근 문화를 확산하는 등의 캠페인을 통해 가족친화적인 문화를 만들어야 한다"라고 강조했다.

여성들이 완벽주의를 버려야 한다는 조언도 있다. 김양미 베스트비즈·와우몰 대표는 "신혼 때 남편한테 세탁 후 빨래 널기를 맡겼더니 옷을 털지 않고 그냥 널더라. 그래도 일단 참고 지켜봤더니 지금은 꽤 잘한다. 남편이 아내처럼 가사일을 완벽하게 하긴 쉽지 않다. 아내가 완벽주의를 버려야 가사분담이 손쉬울 수 있다"라고 조언했다. 그는 또 맞벌이가 점점 많아지고 있는데 가사분담 시간이 여전히 제자리인 것은 여성의 인식이 바뀌지 않은 탓도 있다면서, "가사, 육아는 여성이 전담할 몫이 아닌 부부가 함께 책임질 의무다"라고 꼬집었다.

경력단절
경력단절녀는 봉급절반녀

―
10
―

#1. 결혼과 동시에 회사를 나와 4년간 육아에 전념한 김수미(가명, 33세) 씨는 최근 가까스로 일터로 돌아왔다. 4년의 경력단절에도 불구하고 눈높이를 낮춰 작은 중소기업의 경리로 취직한 것이다. 하지만 경력단절 직전 3000만 원에 달했던 연봉은 절반에 가까운 1800만 원으로 줄었다. 주변 친구들이 경력단절로 취직도 못하는 현실을 생각하면 잘한 선택이라고 생각했지만, 동시에 아직 엄마의 보살핌이 필요한 아이를 떼어놓고 일에 골몰하기에는 너무 대가가 박하다는 생각도 든다.

#2. 아이를 갖게 되면서 직장을 그만 두고 육아에 전념한 이소정(가명, 37세) 씨는 아이가 어느 정도 자랐다고 판단해 최근 재취업 자리를 찾고 있다. 친구의 추천으로 경력무관 조건을 내건 텔레마케터 시험

을 봤지만 경력단절이라는 이유로 몇 번이나 고배를 마셨다. 최근에는 개인정보 유출 사태로 텔레마케터 자리가 크게 줄면서 다른 곳으로 시선을 돌리고 있지만, 자격증 하나 없는 그가 갈 곳은 마땅치 않은 것이 현실이다.

경력단절의 벽은 여성들이 사회에서 더 큰 인재로 성장하는 것을 막는 두터운 벽이다. 짧든 길든 경력단절을 겪은 여성들이 다시 일터로 돌아오기가 여간해서는 쉽지 않기 때문이다. 돌아온다 해도 경력단절 전에 쌓은 경력을 무시당하고 한층 얇아진 월급봉투를 받아드는 수모를 감수해야 한다. 일자리의 질도 현저히 낮아 단순업무나 서비스직으로 내몰리기 일쑤다.

경력단절 전후…
몸값이 달라진다

서울시 여성능력개발원이 2013년 조사한 결과에 따르면 서울지역 여성들은 평균 8년간 직장에서 일한 뒤 4년 6개월간 직장에서 멀어진다. 여성이 결혼과 출산·육아로 인해 직장을 떠나 있는 경력단절의 평균 기간이 4년 6개월 정도인 셈이다.

길다면 길고, 짧다면 짧은 4년 6개월을 거치며 가장 크게 달라지는 것은 몸값이다. 경력단절 전까지만 해도 잘 나가던 이들은 재취업에서 몇 번이고 경력단절을 이유로 고배를 마시기 일쑤다. 김수미 씨처럼 눈높이를 낮춰 회사로 복귀한 경우에도, 예전보다 훨씬 낮은 몸값을 감내해야 한다. 여성가족부가 2014년 조사한 바에 따르면 경력단절 여성이 재취업할 때의 월평균 소득은 121만 9000원으로 경력단절 당시(144만 원)의 84.7% 수준에 불과하다. 이렇다 보니 경력단절을 겪은 여성(149만 6000원)은 겪지 않은 여성(204만 4000원)보다 월평균 임금 수준이 크게 뒤지게 되는 것이다.

취업 전 남성들 못잖게 높은 '스펙'을 쌓은 여성 취업자라도 사정은 마찬가지다. 외국 유학 경험을 바탕으로 월급 300만 원을 받던 A씨는 결혼과 출산을 겪고 다시 면접을 봤다가 월급 200만 원을 제시받았다. 경력단절 기간이 2년도 채 안됐지만 경력단절을 이유로 월급을 크게 낮춰 부른 것이다. 그동안 스펙을 쌓느라 고생한 것이 허사가 되는 것 같아 그는 못내 억울했다.

돌아와도 문제…
이 일, 오래 할 수 있을까

몸값이 내려가는 가장 주된 이유는 경력단절 여성들이 일할 수 있는 일자리의 질이 낮아지기 때문이다. 고연봉 사무직에서 일하던 여성들이 서비스직으로 내몰리고, 대기업 근무자들은 중소기업으로 눈높이를 낮춘다.

여성가족부 조사 결과에 따르면 경력단절 이후 사무직 취업비중은 39.4%에서 16.4%로 줄고, 대신 서비스 판매직 비율이 14.9%에서

37%로 증가한다. 또 제조업 취업비율 역시 33.9%에서 16.8%로 줄고 숙박업·음식점업에서 일하는 비중이 2.8%에서 10.7%로 늘어난다. 1~4인 영세 사업장에서 일하는 비율은 20.0%에서 42.9%로 늘어나는 대신 100인 이상 대형 사업장에서 일하는 비율은 27.1%에서 9.9%로 줄어든다. 경력단절 여성을 위한 양질의 일자리가 남아 있지 않은 셈이다.

환경이 이렇다 보니 경력단절을 딛고 겨우 취업에 성공한 여성들이 다시 사직하는 경우가 적지 않다. 여성가족부 조사에 따르면 경력단절을 경험한 여성은 취직 후 1년 내에 사직을 생각하는 비율이 14.2%로, 여성 평균(11.8%)보다 높았다. 경력단절 경험이 없는 여성의 경우 사직을 생각하는 비율이 9.5%로 낮은 것과 대조적이다. 사직의 이유로는 '임금 수준이 너무 낮아서'라는 답변이 28.5%로 '출산·육아·자녀 교육 때문(16.3%)'이라는 대답보다 압도적으로 많았다.

능력을 제대로 인정받지 못하는 상황을 견디지 못하고 다시 가정으로 돌아가거나 여러 일자리를 전전하는 여성들이 생겨나는 것이다. 경력단절 16년째인 B 씨는 "학원이나 방과후 학교에서 아이들을 가르치는 미술선생님이었지만 지금은 '그저 아이 엄마' 취급받는 현실에 우울하다. 내 전공이나 능력이 사회로부터 인정받지 못한다는 느낌에 고립감이나 무기력증을 느꼈다"라고 말했다.

시간선택제 일자리는
대안일까

정부는 경력단절 문제 해결을 위해 '시간제 일자리'를 대안으로 내놓고 있다. 시간제 일자리는 유연하게 근무시간을 조절할 수 있는 일자리로, 기업은 비용을 절감하고 여성은 육아와 일을 병행할 수 있어 일석이조라는 설명이다. 정부는 오는 2017년까지 양질의 시간제 일자리 93만 개를 만들고, 올해부터 공공부문에서 시간제 일자리를 만들어 여성들의 재취업을 돕겠다는 계획이다.

하지만 과연 이 정책이 실효를 거둘 수 있을지에 대해서는 의견이 갈린다. 시간제 일자리가 일자리 숫자만 늘리고 양질의 일자리 창출에는 실패할 수도 있다는 것이다. 현대경제연구원은 정규직 일자리 대비 시간제 일자리의 시간당 임금이 2006년 62.3%에서 2012년 50.7%로 하락했다며 시간제 일자리의 질이 정규직에 비해 크게 악화되고 있다고 분석했다. 지금 정부가 신경 써야 할 것은 일자리 수보다 질이라는 지적이 나오는 이유다. 하지원 에코맘코리아 대표는 "정부가 정책 수행에서 질보다 양 늘리기에 우선할 경우, 오히려 수요가 남아 있는 대기업 정규직 등 양질의 일자리가 시간제 일자리로 바뀌는 부작용이 나올 수 있다"라고 우려했다.

여성 멘토들은 무작정 일자리만 늘릴 것이 아니라, 양질의 여성 인재를 활용하고 싶은 기업 현장의 수요도 잘 읽어야 한다고 조언했다. 최영 펀비즈 대표는 "기업들에게 시간제 일자리를 적극적으로 늘리라고 떠넘길 것이 아니라, 실제 현장에서 쓸모 있는 여성 인재를 공급하는 것이 중요하다. 경력단절로 인해 한동안 일을 손에서 놓은 여성들에게 정부 차원에서 전문적인 교육을 추진하고, 교육비용을 지원하는 등 양질의 여성 인재를 만드는 데도 신경 써야 할 것"이라고 말했다.

내가 걸어온 그곳이 길이 되더라
여성 리더 17인의 성공 다이어리

1판 1쇄 인쇄 2014년 12월 5일
1판 1쇄 발행 2014년 12월 10일

지은이 | **아시아경제** 특별취재팀
편집인 | 최현문
발행인 | 이연희
본문·표지 | 정현옥
발행처 | 황금사자
출판신고 | 2008년10월 8일 제300-2008-98호
주소 | 서울시 종로구 백석동길 276(302호, 부암동)
문의전화 | 070-7530-8222
팩스 | 02-391-8221

한국어판 출판권 ⓒ 황금사자 2014
ISBN 978-89-97287-06-2 13320
값 15,000원

이 책의 한국어판 출판권은 저작권자와의 독점계약으로 황금사자에 있습니다.
저작권법에 의해 한국 내에서 보호를 받는 저작물이므로 무단 전재와 복제를 금합니다.

* 잘못된 책은 구매하신 서점에서 바꾸어 드립니다.